Antología poética

Mario Benedetti

Antología poética

Selección y prólogo de Joan Manuel Serrat

Papel certificado por el Forest Stewardship Council®

Primera edición: septiembre de 2020

© 2020, Fundación Mario Benedetti
c/o Schavelzon Graham Agencia Literaria
www.schavelzongraham.com
© 2020, Penguin Random House Grupo Editorial, S. A. U.
Travessera de Gràcia, 47-49. 08021 Barcelona
© 2020, Visor Libros
Isaac Peral 18. 28015 Madrid
© del prólogo: 2020, Joan Manuel Serrat

© Diseño: Penguin Random House Grupo Editorial, inspirado en un diseño original de Enric Satué

Printed in Spain – Impreso en España

ISBN: 978-84-204-3968-6
Depósito legal: B-565-2020

Compuesto en MT Color & Diseño, S. L.
Impreso en Unigraf, Móstoles (Madrid)

AL3968A

A mi gusto.
Una antología de la poesía
de Mario Benedetti

Prólogo

Los poemas seleccionados para esta antología lo han sido por razones exclusivamente personales y subjetivas, con la idea de mostrar un panorama global de la obra de Mario Benedetti al dictado exclusivo de mi gusto.

Lo más probable es que el lector versado en el poeta eche de menos poemas a su entender fundamentales y se encuentre con otros que a su modo ver son perfectamente prescindibles. Yo también lamento haber dejado algunos en el tintero, pero las dimensiones del volumen dictan su rigor.

No es fácil escoger lo más representativo entre la extensa obra de uno de los poetas más leídos en castellano, pero confío en que aquí estén representados todos los Benedettis que Mario cargaba en su mochila —el oficinista rutinario, el montevideano de clase media, el periodista comprometido, el viajero curioso, el militante de la patria doméstica, el exiliado y el desexiliado, y también el intelectual parcial, el luchador político y, por supuesto, el poeta minucioso y trabajador que nunca dejó de ser—, con la esperanza de que esta selección pueda resultarle tan útil al lector familiarizado con el mundo literario del poeta uruguayo como a aquel que llegue por primera vez a sus versos.

Sigue esta antología un orden cronológico, lo cual, en el caso de Benedetti, alguien en quien la vida y la obra poética caminaban al mismo paso, parecería el método más seguro y natural.

Internarse en su poesía equivale a seguirle los pasos a la peripecia humana de su autor y, por supuesto, a las circunstancias políticas y sociales que la fundamentan [...]. *Buena parte*

de la biografía de Benedetti se encuentra tenaz y correlativa-
mente replanteada en su poesía, tal vez como un procedimien-
to para conocerse mejor y para conocer también mejor a los
demás.

José Manuel Caballero Bonald
(prólogo a *Antología poética*, Madrid, Alianza, 1984)

Mario Benedetti fue, junto a Idea Vilariño, Juan Car-
los Onetti e Ida Vitale, entre otros, uno de los exponentes
más destacados de la llamada «generación crítica urugua-
ya». Hijo de inmigrantes de origen italiano, nació el 14 de
septiembre de 1920 en Paso de los Toros, Uruguay, pobla-
ción que debe su nombre y su origen a ser paso obligado
por el que carretas y ganado vadeaban el río Negro de una
a otra ribera.

mi padre se llamaba Brenno Mario Edmundo Renato
   Nazareno Rafael Armando
y a mí me llamaron Mario Orlando Hardy Hamlet Brenno
pero cuando ocho años después nació mi hermano ya
   había crisis de nombres y sólo le llamaron Adolfo Raúl
                        («Agenda», *Adioses y bienvenidas*)

A los dos años, la familia se trasladó a Tacuarembó y
de ahí, cuando Mario tenía sólo cuatro, se instalaron en
una Montevideo apacible, provinciana y doméstica que
cobijó su infancia y que será el escenario de su vida y su li-
teratura:

en el Deutsche Schule aprendí alemán
y a recibir derbe Ohrfeige *(tr. bofetones) a la menor*
rrtum *(tr. equivocación)*

cuando me ordenaron saludar a lo nazi
el viejo me sacó de una oreja
sin que yo asumiera mi terrible culpa [...]

después fui contable / vendedor de repuestos / corredor
de libros / cajero / sobre todo taquígrafo una profesión
entonces cotizada porque aún no habían nacido las
  grabadoras

(«Agenda», Adioses y bienvenidas)

Viaja a Argentina, donde reside entre 1939 y 1941, para trabajar como taquígrafo para una editorial. Es entonces cuando, leyendo a Baldomero Fernández Moreno, descubre su vocación de poeta.

En 1945 inicia el largo y difícil camino literario tras integrarse en el equipo de redacción del semanario *Marcha,* en Montevideo, donde se convirtió en periodista junto al maestro Carlos Quijano. Al año siguiente se casa con Luz López Alegre, a la que conocía desde la niñez y que sería para siempre su compañera y la dueña de todos sus poemas de amor.

Tardé seis años en decírselo y ella un minuto y medio en aceptarlo [...]. Casarse con alguien que lleva una luz y la alegría en su nombre parece una buena inversión.

En su obra, siempre llena de compromiso social, no falta nunca la imprescindible presencia del amor, el tema más universal de la poesía; bálsamo o veneno, el amor, siempre un apogeo de las relaciones humanas.

Usted y yo sabemos
que en el fondo
el amor
el amor
es una cosa seria.

(«Interview»,
Poemas de hoyporhoy)

Generación tras generación, los enamorados colocaron en sus labios algunos de los versos aprendidos del poeta y los grabaron junto a sus nombres en las cortezas de los árboles de todos los parques. Las muchachas llenaron cuadernos con poemas de Benedetti y, desde el paredón de la fábrica, replicaba aquel que aprendimos huérfanos o en pareja y que aún hoy repetimos como una letanía. Esencias de un perfume que al sentirlo de nuevo nos devuelve el tiempo en que, felices o no, fuimos presente; versos que son sólo nuestros, que se hilvanan en la entretela del alma y que uno acaba amando como se ama a sí mismo.

> *quiero morir de siesta*
> *muslo a tu muslo*
> *boca a tu boca*
> *para saber quién sos*
> («Ay del sueño»,
> *Geografías*)

Pero al tiempo que el amor, a lo largo de toda su vida, por razones literarias o personales, la nostalgia y el exilio estarán presentes en la obra de Benedetti. A veces la nostalgia provocará el exilio, y otras será el exilio el que avive la nostalgia.

La nostalgia que provoca el exilio

En sus dos primeros libros de poemas, *Sólo mientras tanto* y *Poemas de la oficina*, la nostalgia de una Montevideo cercana y a la vez remota y perdida será la que provoque el exilio interior del poeta a consecuencia de un personal desencuentro con un tiempo y una sociedad provinciana que le resultan mediocres y poco estimulantes.

Si pudiera elegir mi paisaje
de cosas memorables, mi paisaje
de otoño desolado,
elegiría, robaría esta calle
que es anterior a mí y a todos.

(«Elegir mi paisaje»,
Sólo mientras tanto)

Con Benedetti llega al Río de la Plata el prosaísmo o realismo crítico, es decir, el acercamiento del habla coloquial y de la vida diaria a la escritura, la deliberada aproximación a la prosa, la construcción de una épica de lo cotidiano.

Era un escritor que rehuía los «grandes temas» y se acercaba a la gente común y corriente con delicadeza y ternura, a los oficinistas, los taquígrafos, los empleados del montón, las familias sin historia [...] con una prosa y unos versos sencillos, claros, directos, impecables. Era una voz nueva y sorprendente, sobre todo en la literatura de la época, porque rehuía el relumbrón y el aspaviento y transmitía sinceridad y limpieza moral.
MARIO VARGAS LLOSA
(«Mario Benedetti: cien años», *El País*, 2019)

Poco a poco, los estímulos de la realidad empujan a Benedetti a una poesía en la que lo político y lo social se hacen más visibles y, como otros muchos intelectuales latinoamericanos, participa simultáneamente de la práctica política y del ejercicio de la literatura. La nostalgia montevideana del pasado será sustituida por la nostalgia de un futuro posible, fundamentada en un hecho histórico que resultó crucial para Latinoamérica: la revolución cubana. En esta sementera crecerá en adelante su poemario.

Hasta la eclosión de la Revolución en Cuba yo no era un tipo preocupado por lo que sucedía en América Latina y estaba absolutamente alienado a los problemas culturales europeos.

La visión del poeta será cada vez más dinámica y participativa. Se hace cargo no sólo de sus conflictos personales, sino también de aquellos que surgen en la sociedad y el mundo que le han tocado en suerte. Desde sus constantes estancias en el extranjero, verá el Uruguay con nostalgia, lo que confirma el amor que siente por su patria, de la que, paradójicamente, a cada regreso sentirá la irresistible necesidad de escapar.

> *Miré*
> *admiré*
> *traté de comprender*
> *creo que en buena parte he comprendido*
> *y es estupendo*
> *todo es estupendo*
> *sólo allá lejos puede uno saberlo*
> *[...]*
> *Pero ahora no me quedan más excusas*
> *porque se vuelve aquí*
> *siempre se vuelve.*
>
> («Noción de patria», *Noción de patria*)

Llegaron años muy difíciles para América Latina. Tiempos de duros enfrentamientos y de brutal represión, presagio del horror que traerían las dictaduras que estaban por venir. El cuestionamiento del orden establecido hace que su poesía, como ocurre con otros escritos suyos más directos y polémicos, se torne «sospechosa».

El poeta participa activamente en política hasta que el 27 de junio de 1973 Juan María Bordaberry instaura en el país una dictadura cívico-militar que prohíbe los partidos políticos, ilegaliza los sindicatos y censura la prensa.

Se persigue y encarcela a los opositores al régimen.

Benedetti renuncia a su cargo en la Universidad y abandona Uruguay.

El exilio que provoca la nostalgia

Comienza un largo exilio de doce años que llevará a Benedetti a Buenos Aires, ciudad que también se ve obligado a abandonar tras ser amenazado de muerte por la Triple A (Alianza Anticomunista Argentina), para viajar luego a Perú, de donde no tarda en ser deportado de nuevo a Buenos Aires.

> *El escritor que vive desgajado de su suelo y de su cielo, de sus cosas y de su gente no es alguien que aborda el exilio como un tema más, sino un exiliado que, además, escribe.*
> («Dicen que la avenida está sin árboles», *El País,* 1982)

Ha llegado ahora el tiempo en el que el exilio provoca la nostalgia. El exilio que va a ser la temática fundamental de su poesía. El exilio que supone una mutilación no sólo para el desterrado sino también para el país que le ve partir.

> *Creo que mi ciudad ya no tiene consuelo*
> *entre otras cosas porque me ha perdido*
> («Ciudad en que no existo»,
> *La casa y el ladrillo*)

Benedetti regresa a Cuba ahora como exiliado, y se reincorpora al Consejo de Dirección de Casa de las Américas hasta que en 1980 decide instalarse en Palma de Mallorca, porque, según él mismo dijo, la isla era uno de los lugares más baratos de España.

Mientras, este mismo año, al otro lado del mar, el Gobierno cívico-militar uruguayo convoca un plebiscito con el objetivo de crear una nueva Constitución que legitime el régimen, pero la propuesta fue rechazada por la población con casi un cincuenta y siete por ciento de los votos válidos en contra, lo que, a la postre, desencadenó el proceso de apertura democrática.

Por razones obvias
no fue
exactamente
una toma de conciencia
colectiva
sino apenas la suma
de seiscientas mil
tomas de conciencia
individuales
          («Tríptico del plebiscito»,
                    Viento del exilio)

A pesar de ello, durante los tres años siguientes, Mallorca seguirá siendo su residencia hasta que, en 1983, a causa del asma, decide trasladarse a Madrid.

Continúa fundando patrias interinas. Buenos Aires, Lima, La Habana y por último Madrid marcan su huella en él, sumando exilios y nostalgias propios y ajenos, pues sólo en los demás se reconoce uno mismo.

País lejos de mí / que está a mi lado
país no mío que ahora es mi contorno
[...]
acaso el tiempo enseñe
que ni esos muchos ni yo mismo somos
extranjeros recíprocos extraños
y que la grave extranjería es algo
curable o por lo menos llevadero

acaso el tiempo enseñe
que somos habitantes
de una comarca extraña
donde ya nadie quiere
decir

     país no mío
          («Comarca extraña», *Geografías*)

16

Fue en Madrid, en su piso del barrio de Prosperidad, donde nos conocimos, y donde acordamos hacer un disco a cuatro manos. Canción a canción, a caballo entre Madrid y Barcelona, lo fuimos preparando con poemas elegidos de mutuo acuerdo que Mario corrigió y adaptó a rimas y ritmos más tradicionales para ser cantados. Eran versos publicados con anterioridad, a excepción de la canción que le da título al disco *El sur también existe,* escrita especialmente para la ocasión.

No toda la poesía vale para ser cantada ni todos los poetas sirven para escribir canciones, de la misma manera que detrás de un buen autor de canciones no hay necesariamente un buen poeta. Pero en el caso de Mario Benedetti, letrista de canciones por derecho y al tiempo buen poeta, entre poesía y canción no media una frontera clara.

Circulan más de doscientas versiones de canciones registradas con letra de Benedetti. Somos muchos los que, con mayor o menor fortuna, nos hemos atrevido a ponerle música y a cantar sus versos, unos por libre y otros con la complicidad del autor. A Mario le gustaba escuchar sus versos convertidos en canción porque apreciaba su importancia divulgadora y el valor de la música como soporte de la idea. En las canciones está presente todo su argumentario vital. Todo aquello que define su obra poética.

Entretanto, Benedetti sigue escribiendo. Sabe que la vuelta se acerca y su poemario se construye ahora como un tránsito entre el allá y el aquí, un itinerario que da cuenta de su estar en ninguna parte.

El desexilio

Desexilio es un término que acuñó el propio Benedetti para referirse a su vuelta al Uruguay; un regreso que plantea la confrontación de lo imaginado con la realidad, el dilema entre irse y quedarse.

El desexilio será un problema casi tan arduo como en su momento lo fue el exilio, y hasta puede que más complejo. [...] Se emigraba por varias razones, pero, sobre todo, para evitar la prisión y la tortura y, en definitiva, para salvar la vida. [...] El desexilio pasará a ser una decisión individual. [...]. Unos volverán y otros no, y cada uno tendrá sus razones, pero ¿hasta qué punto los que se quedaron o pudieron quedarse van a comprender el exilio cuando sepan todos sus datos? [...] ¿Y hasta qué punto los que regresen comprenderán ese país distinto que van a encontrar?
(*El País*, 1983)

Con la restauración de la democracia en 1985, Benedetti regresa a Uruguay. A partir de ese momento su vida transcurrirá entre Montevideo y Madrid.

En el exilio se trataba de mantener viva la memoria; en cambio ahora, en el desexilio, el poeta se enfrenta a sus propios recuerdos. En el exilio había habitado un territorio donde lo posible era real, y construía, a través del relato, un futuro más justo, más humano y solidario. Pero con la llegada del fin de siglo, se produce el descrédito social de los valores humanistas y los sueños son empujados hacia un paraje donde no cabe la esperanza ni la revolución. Sólo hay desencanto y la curiosa nostalgia del exilio en plena patria.

Más de una vez me siento expulsado y con ganas
de volver al exilio que me expulsa
y entonces me parece que ya no pertenezco
a ningún sitio
a nadie

¿será un indicio de que nunca más
podré no ser un exiliado?
(«Pero vengo», *Las soledades de Babel*)

El regreso marca también la vuelta a sus orígenes poéticos. Y ahora, como entonces, será la nostalgia la que provoque el exilio. A partir de aquí, Benedetti resume buena parte de sus preocupaciones existenciales y estéticas en una suerte de demanda contra el olvido.

> *todo se hunde en la niebla del olvido*
> *pero cuando la niebla se despeja*
> *el olvido está lleno de memoria*
> («Ah las primicias»,
> *El olvido está lleno de memoria*)

> *Cuando se fueron de Madrid, en 2003, ya Luz no escuchaba el teléfono, no sabía qué hacer con los recados. Él la cuidaba con una delicadeza incendiada por el aturdimiento. Esa mañana del regreso definitivo a Uruguay ella se dejó las llaves dentro de la casa. Era la metáfora de la despedida. Después de tantos viajes de ida y vuelta, tras el exilio y el desexilio, ya iba a ser Montevideo, de donde partió huyendo, el amparo final, el salto a la esperanza y al vacío. Y las llaves se quedaron en Madrid, ya no habría vuelta.*
> JUAN CRUZ
> («Érase una vez Mario Benedetti», *El País*, 2019)

> *Si en el crepúsculo*
> *el sol era memoria*
> *ya no me acuerdo*
> (*Rincón de haikus*)

El 17 de mayo de 2009, tras meses de desvarío, triste y solitario, el poeta del amor y del exilio muere a causa del asma, esa vieja enemiga que le había acompañado a lo largo de la vida y que le hacía odiar los frutos secos tanto como odiaba el pescado por las espinas que esconde. Se iba el poeta comprometido con su tiempo y con el mundo, siempre contemporáneo de su pueblo, el escritor que supo como pocos aunar en su obra la vida misma de su país y su problemática personal.

Benedetti fue un hombre extremadamente tímido que se lamentaba de la mala educación con que lo había tratado la vida. Era como un niño en busca de amparo, desconfiado de un pasado que lo había convertido en una especie de exiliado permanente, pero que sobrellevaba el pesimismo y el desencanto con grandes dosis de tenacidad y humor.

> *un pesimista*
> *es sólo un optimista*
> *bien informado*
> (*Rincón de haikus*)

Mario Benedetti ha sido uno de los escritores más fecundos y populares de América Latina. Un hombre de aspecto frágil y sencillo, de gesto y voz mesurada, que acercó a la gente su palabra despojada de solemnidad. Escribió, a contramano de las modas imperantes y de la crítica, historias que son las peripecias del hombre medio. Visitó todos los géneros literarios: la novela, el relato, el teatro, pero fue la poesía su género predilecto, el que marcó más intensamente su vocación y el más abundante y popular de su obra. Probablemente Benedetti sea el poeta más leído en nuestro idioma y, con toda seguridad, el más cantado.

JOAN MANUEL SERRAT

La nostalgia provoca exilio

Sólo mientras tanto (1948-1950)
Poemas de la oficina (1953-1956)
Poemas de hoyporhoy (1958-1961)
Noción de patria (1962-1963)
Próximo prójimo (1964-1965)
Contra los puentes levadizos (1965-1966)
Quemar las naves (1968-1969)
Letras de emergencia (1969-1973)

Elegir mi paisaje

Si pudiera elegir mi paisaje
de cosas memorables, mi paisaje
de otoño desolado,
elegiría, robaría esta calle
que es anterior a mí y a todos.

Ella devuelve mi mirada inservible,
la de hace apenas quince o veinte años
cuando la casa verde envenenaba el cielo.
Por eso es cruel dejarla recién atardecida
con tantos balcones como nidos a solas
y tantos pasos como nunca esperados.

Aquí estarán siempre, aquí, los enemigos,
los espías aleves de la soledad,
las piernas de mujer que arrastran a mis ojos
lejos de la ecuación de dos incógnitas.
Aquí hay pájaros, lluvia, alguna muerte,
hojas secas, bocinas y nombres desolados,
nubes que van creciendo en mi ventana
mientras la humedad trae lamentos y moscas.

Sin embargo existe también el pasado
con sus súbitas rosas y modestos escándalos
con sus duros sonidos de una ansiedad cualquiera
y su insignificante comezón de recuerdos.
Ah si pudiera elegir mi paisaje
elegiría, robaría esta calle,

esta calle recién atardecida
en la que encarnizadamente revivo
y de la que sé con estricta nostalgia
el número y el nombre de sus setenta árboles.

Dactilógrafo

Montevideo quince de noviembre
de mil novecientos cincuenta y cinco
Montevideo era verde en mi infancia
absolutamente verde y con tranvías
muy señor nuestro por la presente
yo tuve un libro del que podía leer
veinticinco centímetros por noche
y después del libro la noche se espesaba
y yo quería pensar en cómo sería eso
de no ser de caer como piedra en un pozo
comunicamos a usted que en esta fecha
hemos efectuado por su cuenta
quién era ah sí mi madre se acercaba
y prendía la luz y no te asustes
y después la apagaba antes que me durmiera
el pago de trescientos doce pesos
a la firma Menéndez & Solari
y sólo veía sombras como caballos
y elefantes y monstruos casi hombres
y sin embargo aquello era mejor
que pensarme sin la savia del miedo
desaparecido como se acostumbra
en un todo de acuerdo con sus órdenes
de fecha siete del corriente
era tan diferente era verde
absolutamente verde y con tranvías
y qué optimismo tener la ventanilla
sentirse dueño de la calle que baja
jugar con los números de las puertas cerradas

25

y apostar consigo mismo en términos severos
rogámosle acusar recibo lo antes posible
si terminaba en cuatro o trece o diecisiete
era que iba a reír o a perder o a morirme
de esta comunicación a fin de que podamos
y hacerme tan sólo una trampa por cuadra
registrarlo en su cuenta corriente
absolutamente verde y con tranvías
y el Prado con caminos de hojas secas
y el olor a eucaliptus y a temprano
saludamos a usted atentamente
y desde allí los años y quién sabe.

Amor, de tarde

Es una lástima que no estés conmigo
cuando miro el reloj y son las cuatro
y acabo la planilla y pienso diez minutos
y estiro las piernas como todas las tardes
y hago así con los hombros para aflojar la espalda
y me doblo los dedos y les saco mentiras.

Es una lástima que no estés conmigo
cuando miro el reloj y son las cinco
y soy una manija que calcula intereses
o dos manos que saltan sobre cuarenta teclas
o un oído que escucha cómo ladra el teléfono
o un tipo que hace números y les saca verdades.

Es una lástima que no estés conmigo
cuando miro el reloj y son las seis.
Podrías acercarte de sorpresa
y decirme «¿Qué tal?» y quedaríamos
yo con la mancha roja de tus labios
tú con el tizne azul de mi carbónico.

Monstruos

Qué vergüenza
carezco de monstruos interiores
no fumo en pipa frente al horizonte
en todo caso creo que mis huesos
son importantes para mí y mi sombra
los sábados de noche me lleno de coraje
mi nariz qué vergüenza no es como la de Goethe
no puedo arrepentirme de mi melancolía
y olvido casi siempre que el suicidio es gratuito
qué vergüenza me encantan las mujeres
sobre todo si son consecuentes y flacas
y no confunden sed con paroxismo
qué vergüenza diosmío no me gusta Ionesco
sin embargo estoy falto de monstruos interiores
quisiera prometer como Dios manda
y vacilar como la gente en prosa
qué vergüenza en las tardes qué vergüenza
en las tardes más oscuras de invierno
me gusta acomodarme en la ventana
ver cómo la llovizna corre a mis acreedores
y ponerme a esperar o quizás a esperarte
tal como si la muerte fuera una falsa alarma.

Interview

No es ninguna molestia
explicarle qué pienso
del infinito
el infinito es
sencillamente
un agrio viento frío
que eriza las mucosas
la piel
y las metáforas
le pone a uno en los ojos
lágrimas de rutina
y en la garganta un nudo
de sortilegio
seguramente usted ya se dio cuenta
en el fondo no creo
que exista el infinito.

Bueno sobre política
jesús
sobre política
mi bisabuelo que era liberal
espiaba a las criadas en el baño
mi abuelo el reaccionario
extraviaba las llaves de sus deudas
mi padre el comunista
compraba hectáreas con un gesto de asco
yo soy poeta
señores:
y usted debe saber que los poetas

vivimos a la vuelta de este mundo
claro que usted quizá no tenga tiempo
para tener paciencia
pero debe conocer que en el fondo
yo no creo en la política.

Por supuesto el estilo
qué pienso del estilo
una cosa espontánea que se va haciendo sola
siempre escribí en la cama
mucho mejor que en los ferrocarriles
qué más puedo agregar
ah domino el sinónimo
módico exiguo corto insuficiente
siempre escribo pensando en el futuro
pero el futuro
se quedó sin magia
me olvidaba que usted
ya sabe que en el fondo
yo no creo en el estilo.

El amor el amor
ah caramba
el amor
por lo pronto me gusta
la mujer
bueno fuera
el alma
el corazón
sobre todo las piernas
poder alzar la mano
y encontrarla a la izquierda
tranquila
o intranquila
sonriendo desde el pozo
de su última modorra

o mirando mirando
como a veces se mira
un rato antes del beso
después de todo
usted y yo sabemos
que en el fondo
el amor
el amor
es una cosa seria.

Por favor
esto último
no vaya a publicarlo.

Cumpleaños en Manhattan

Todos caminan
yo también camino

es lunes y venimos con la saliva amarga
mejor dicho
son ellos los que vienen
a la sombra de no sé cuántos pisos
millones de mandíbulas
que mastican su goma
sin embargo son gente de este mundo
con todo un corazón bajo el chaleco

hace treinta y nueve años
yo no estaba
tan solo y tan rodeado
ni podía mirar a las queridas
de los innumerables ex-sargentos
del ex-sargentísimo Batista
que hoy sacan a mear
sus perros de abolengo
en las esquinas de la democracia

hace treinta y nueve años
allá abajo
más debajo de lo que hoy se conoce
como Fidel Castro o como Brasilia
abrí los ojos y cantaba un gallo
tiene que haber cantado
necesito

un gallo que le cante al Empire State Building
con toda su pasión
y la esperanza
de parecer iguales
o de serlo

todos caminan
yo también camino
a veces me detengo
ellos no
no podrían

respiro y me siento
respirar
eso es bueno
tengo sed y me cuesta
diez centavos de dólar
otro jugo de fruta
con gusto a Guatemala

este cumpleaños
no es
mi verdadero
porque este alrededor
no es
mi verdadero
los cumpliré más tarde
en febrero o en marzo
con los ojos que siempre me miraron
las palabras que siempre me dijeron
con un cielo de ayer sobre mis hombros
y el corazón deshilachado y terco
los cumpliré más tarde
o no los cumplo
pero éste no es mi verdadero

todos caminan
yo también camino
y cada dos zancadas poderosas
doy un modesto paso melancólico

entonces los becarios colombianos
y los taximetristas andaluces
y los napolitanos que venden pizza y cantan
y el mexicano que aprendió a mascar chicles
y el brasileño de insolente fotómetro
y la chilena con su amante gringo
y los puertorriqueños que pasean
su belicoso miedo colectivo
miran y reconocen mi renguera
y ellos también se aflojan un momento
y dan un solo paso melancólico
como los autos de la misma marca
que se hacen una seña con las luces

nunca estuvo tan lejos
ese cielo
nunca estuvo tan lejos
y tan chico
un triángulo isósceles nublado
que ni siquiera es una nube entera

tengo unas ganas cursis
dolorosas
de ver algo de mar
de sentir cómo llueve en Andes y Colonia
de oír a mi mujer diciendo cualquier cosa
de escuchar las bocinas
y de putear con eco
de conseguir un tango
un pedazo de tango
tocado por cualquiera
que no sea Kostelanetz

pero también es bueno
sentir alguna vez un poco de ternura
hacia este chorro enorme
poderoso
indefenso
de humanidad dócilmente apurada
con la cruz del confort sobre su frente
un poco de imprevista ternura sin raíces
digamos por ejemplo hacia una madre equis
que ayer en el zoológico de Central Park
le decía a su niño con preciosa nostalgia
look Johnny this is a cow
porque claro
no hay vacas entre los rascacielos

y otro poco de fe
que es mi único folklore
para agitar como un pañuelo blanco
cuando pasen o simplemente canten
las tres clases de seres más vivos de este Norte
quiero decir los negros
las negras
los negritos

todos caminan
pero yo
me he sentado
un yanqui de doce años me lustra los zapatos
él no sabe que hoy es mi cumpleaños
ni siquiera que no es mi verdadero
por mi costado pasan todos ellos
acaso yo podría ser un dios provisorio
que contemplara inerme su rebaño
o podría ser un héroe más provisorio aún
y disfrutar mis trece minutos estatuarios

pero todo está claro
y es más dulce
más útil
sobre todo más dulce
reconocer que el tiempo está pasando
que está pasando el tiempo y hace ruido
y sentirse de una vez para siempre
olvidado y tranquilo
como un cero a la izquierda.

Nueva York,
14 de septiembre de 1959

Noción de patria

Cuando resido en este país que no sueña
cuando vivo en esta ciudad sin párpados
donde sin embargo mi mujer me entiende
y ha quedado mi infancia y envejecen mis padres
y llamo a mis amigos de vereda a vereda
y puedo ver los árboles desde mi ventana
olvidados y torpes a las tres de la tarde
siento que algo me cerca y me oprime
como si una sombra espesa y decisiva
descendiera sobre mí y sobre nosotros
para encubrir a ese alguien que siempre afloja
el viejo detonador de la esperanza.

Cuando vivo en esta ciudad sin lágrimas
que se ha vuelto egoísta de puro generosa
que ha perdido su ánimo sin haberlo gastado
pienso que al fin ha llegado el momento
de decir adiós a algunas presunciones
de alejarse tal vez y hablar otros idiomas
donde la indiferencia sea una palabra obscena.

Confieso que otras veces me he escapado.
Diré ante todo que me asomé al Arno
que hallé en las librerías de Charing Cross
cierto Byron firmado por el vicario Bull
en una navidad de hace setenta años.

Desfilé entre los borrachos de Bowery
y entre los Brueghel de la Pinacoteca

comprobé cómo puede trastornarse
el equipo sonoro del Château de Langeais
explicando medallas e incensarios
cuando en verdad había sólo armaduras.

Sudé en Dakar por solidaridad
vi turbas galopando hasta la Mona Lisa
y huyendo sin mirar a Botticelli
vi curas madrileños abordando a rameras
y en casa de Rembrandt turistas de Dallas
que preguntaban por el comedor
suecos amontonados en dos metros de sol
y en Copenhague la embajada rusa
y la embajada norteamericana
separadas por un lindo cementerio.

Vi el cadáver de Lídice cubierto por la nieve
y el carnaval de Río cubierto por la samba
y en Tuskegee el rabioso optimismo de los negros
probé en Santiago el caldillo de congrio
y recibí el Año Nuevo en Times Square
sacándome cornetas del oído.

Vi a Ingrid Bergman correr por la Rue Blanche
y salvando las obvias diferencias
vi a Adenauer entre débiles aplausos vieneses
vi a Kruschev saliendo de Pennsylvania Station
y salvando otra vez las diferencias
vi un toro de pacífico abolengo
que no quería matar a su torero.

Vi a Henry Miller lejos de sus trópicos
con una insolación mediterránea
y me saqué una foto en casa de Jan Neruda

dormí escuchando a Wagner en Florencia
y oyendo a un suizo entre Ginebra y Tarascón
vi a gordas y humildes artesanas de Pomaire
y a tres monjitas jóvenes en el Carnegie Hall
marcando el jazz con negros zapatones
vi a las mujeres más lindas del planeta
caminando sin mí por la Via Nazionale.

Miré
admiré
traté de comprender
creo que en buena parte he comprendido
y es estupendo
todo es estupendo
sólo allá lejos puede uno saberlo
y es una linda vacación
es un rapto de imágenes
es un alegre diccionario
es una fácil recorrida
es un alivio.

Pero ahora no me quedan más excusas
porque se vuelve aquí
siempre se vuelve.
La nostalgia se escurre de los libros
se introduce debajo de la piel
y esta ciudad sin párpados
este país que nunca sueña
de pronto se convierte en el único sitio
donde el aire es mi aire
y la culpa es mi culpa
y en mi cama hay un pozo que es mi pozo
y cuando extiendo el brazo estoy seguro
de la pared que toco o del vacío

y cuando miro el cielo
veo acá mis nubes y allí mi Cruz del Sur
mi alrededor son los ojos de todos
y no me siento al margen
ahora ya sé que no me siento al margen.

Quizá mi única noción de patria
sea esta urgencia de decir Nosotros
quizá mi única noción de patria
sea este regreso al propio desconcierto.

Calma chicha

Esperando que el viento
doble tus ramas

que el nivel de las aguas
llegue a tu arena

esperando que el cielo
forme tu barro

y que a tus pies la tierra
se mueve sola

pueblo
estás quieto

cómo
no sabes

cómo no sabes
todavía
que eres el viento
la marea

que eres la lluvia
el terremoto.

Todo el instante

Varón urgente
hembra repentina

no pierdan tiempo
quiéranse

dejen todo en el beso
palpen la carne nueva
gasten el coito único
destrúyanse

sabiendo

que el tiempo pasará
que está pasando

que ya ha pasado para
los dos
urgente viejo
anciana repentina.

Corazón coraza

Porque te tengo y no
porque te pienso
porque la noche está de ojos abiertos
porque la noche pasa y digo amor
porque has venido a recoger tu imagen
y eres mejor que todas tus imágenes
porque eres linda desde el pie hasta el alma
porque eres buena desde el alma a mí
porque te escondes dulce en el orgullo
pequeña y dulce
corazón coraza

porque eres mía
porque no eres mía
porque te miro y muero
y peor que muero
si no te miro amor
si no te miro

porque tú siempre existes dondequiera
pero existes mejor donde te quiero
porque tu boca es sangre
y tienes frío
tengo que amarte amor
tengo que amarte
aunque esta herida duela como dos
aunque te busque y no te encuentre
y aunque
la noche pase y yo te tenga
y no.

Currículum

El cuento es muy sencillo
usted nace
contempla atribulado
el rojo azul del cielo
el pájaro que emigra
el torpe escarabajo
que su zapato aplastará
valiente

usted sufre
reclama por comida
y por costumbre
por obligación
llora limpio de culpas
extenuado
hasta que el sueño lo descalifica

usted ama
se transfigura y ama
por una eternidad tan provisoria
que hasta el orgullo se le vuelve tierno
y el corazón profético
se convierte en escombros
usted aprende
y usa lo aprendido
para volverse lentamente sabio
para saber que al fin el mundo es esto
en su mejor momento una nostalgia

en su peor momento un desamparo
y siempre siempre
un lío

entonces
usted muere.

Estaciones

En primavera
cuando surgen
las consabidas muchachas de ojos verdes
y el nuevo viento agita con esperanza
antenas y divisas y follajes
y cada miserable sobretodo
vuelve a su ropería monacal
y los escotes rebosan de golondrinas
es fácil creer en Dios
y en los horóscopos
proporcionar migajas a los mendigos
complejos vitamínicos a las palomas
salpicarse sobriamente de optimismo
o imaginar que por los hilos del telégrafo
viajan canciones pegadizas
y más o menos insurreccionales.

Todos conspiramos

A Raúl Sendic

Estarás como siempre en alguna frontera
jugándote en tu sueño lindo y desvencijado
recordando los charcos y el confort todo junto
tan desconfiado pero nunca incrédulo
nunca más que inocente nunca menos
esa estéril frontera con aduanas
y pelmas y galones y también esta otra
que separa pretérito y futuro
qué bueno que respires que conspires
dicen que madrugaste demasiado
que en plena siesta cívica gritaste
pero tal vez nuestra verdad sea otra
por ejemplo que todos dormimos hasta tarde
hasta golpe hasta crisis hasta hambre
hasta mugre hasta sed hasta vergüenza
por ejemplo que estás solo o con pocos
que estás contigo mismo y es bastante
porque contigo están los pocos muchos
que siempre fueron pueblo y no lo saben
qué bueno que respires que conspires
en esta noche de podrida calma
bajo esta luna de molicie y asco
quizá en el fondo todos conspiramos
sencillamente das la señal de fervor
la bandera decente con el asta de caña
pero en el fondo todos conspiramos
y no sólo los viejos que no tienen
con qué pintar murales de protesta

conspiran el cesante y el mendigo
y el deudor y los pobres adulones
cuyo incienso no rinde como hace cinco años
la verdad es que todos conspiramos
pero no sólo los que te imaginas
conspiran claro está que sin saberlo
los jerarcas los ciegos poderosos
los dueños de tu tierra y de sus uñas
conspiran qué relajo los peores
a tu favor que es el favor del tiempo
aunque crean que su ira es la única
o que han descubierto su filón y su pólvora
conspiran las pitucas los ministros
los generales bien encuadernados
los venales los flojos los inermes
los crápulas los nenes de mamá
y las mamás que adquieren su morfina
a un abusivo precio inflacionario
todos quiéranlo-o-no van conspirando
incluso el viento que te da en la nuca
y sopla en el sentido de la historia
para que esto se rompa se termine
de romper lo que está resquebrajado
todos conspiran para que al fin logres
y esto es lo bueno que quería decirte
deja atrás la cándida frontera
y te instales por fin en tus visiones
nunca más que inocente nunca menos
en tu futuro-ahora en ese sueño
desvencijado y lindo como pocos.

Hasta mañana

Voy a cerrar los ojos en voz baja
voy a meterme a tientas en el sueño.
En este instante el odio no trabaja

para la muerte, que es su pobre dueño
la voluntad suspende su latido
y yo me siento lejos, tan pequeño

que a Dios invoco, pero no le pido
nada, con tal de compartir apenas
este universo que hemos conseguido

por las malas y a veces por las buenas.
¿Por qué el mundo soñado no es el mismo
que este mundo de muerte a manos llenas?

Mi pesadilla es siempre el optimismo:
me duermo débil, sueño que soy fuerte,
pero el futuro aguarda. Es un abismo.

No me lo digan cuando me despierte.

Contra los puentes levadizos

1

Nos han contado a todos
cómo eran los crepúsculos
de hace noventa o novecientos años

cómo al primer disparo los arrepentimientos
echaban a volar como palomas
cómo hubo siempre trenzas que colgaban
un poco sucias pero siempre hermosas
cómo los odios eran antiguos y elegantes
y en su barbaridad venturosa latían
cómo nadie moría de cáncer o de asco
sino de tisis breves o de espinas de rosa

otro tiempo otra vida otra muerte otra tierra
donde los pobres héroes iban siempre a caballo
y no se apeaban ni en la estatua propia

otro acaso otro nunca otro siempre otro modo
de quitarle a la hembra su alcachofa de ropas

otro fuego otro asombro otro esclavo otro dueño
que tenía el derecho y además del derecho
la propensión a usar sus látigos sagrados

abajo estaba el mundo
abajo los de abajo
los borrachos de hambre

los locos de miseria
los ciegos de rencores
los lisiados de espanto

comprenderán ustedes que en esas condiciones
eran imprescindibles los puentes levadizos

2

No sé si el momento
de decirlo
en este punto muerto
en este año desgracia

por ejemplo
decírselo a esos mansos
que no pueden
resignarse a la muerte
y se inscriben a ciegas
caracoles de miedo
en la resurrección
qué garantía

por ejemplo
a esos ásperos
no exactamente ebrios
que alguna vez gritaron
y ahora no aceptan
la otra
la imprevista
reconvención del eco

o a los espectadores
casi profesionales
esos viciosos

de la lucidez
esos inconmovibles
que se instalan
en la primera fila
así no pierden
ni un solo efecto
ni el menor indicio
ni un solo espasmo
ni el menor cadáver

o a los sonrientes lúgubres
los exiliados de lo real
los duros
metidos para siempre en su campana
de pura sílice
egoísmo insecto
ésos los sin hermanos
sin latido
los con mirada acero de desprecio
los con fulgor y labios de cuchillo

en este punto muerto
en este año de desgracia
no sé si es el momento
de decirlo
con los puentes a medio descender
o a medio levantar
que no es lo mismo

3

Puedo permanecer en mi baluarte
en esta o en aquella soledad sin derecho
disfrutando mis últimos
racimos de silencio

puedo asomarme al tiempo
a las nubes al río
perderme en el follaje que está lejos

pero me consta y sé
nunca lo olvido
que mi destino fértil voluntario
es convertirme en ojos boca manos
para otras manos bocas y miradas

que baje el puente y que se quede bajo

que entren amor y odio y voz y gritos
que venga la tristeza con sus brazos abiertos
y la ilusión con sus zapatos nuevos
que venga el frío germinal y honesto
y el verano de angustias calcinadas
que vengan los rencores con su niebla
y los adioses con su pan de lágrimas
que venga el muerto y sobre todo el vivo
y el viejo olor de la melancolía

que baje el puente y que se quede bajo

que entren la rabia y su ademán oscuro
que entren el mal y el bien
y lo que media
entre uno y otro
o sea
la verdad ese péndulo
que entre el incendio con o sin la lluvia
y las mujeres con o sin historia
que entre el trabajo y sobre todo el ocio
ese derecho al sueño
ese arco iris

que baje el puente y que se quede abajo

que entren los perros
los hijos de perra
las comadronas los sepultureros
los ángeles si hubiera
y si no hay
que entre la luna con su niño frío

que baje el puente y que se quede bajo

que entre el que sabe lo que no sabemos
y amasa pan
o hace revoluciones
y el que no puede hacerlas
y el que cierra los ojos

en fin
para que nadie se llame a confusiones
que entre mi prójimo ese insoportable
tan fuerte y frágil
ese necesario
ése con dudas sombra rostro sangre
y vida a término
ese bienvenido

que sólo quede afuera
el encargado
de levantar el puente

a esta altura
no ha de ser un secreto
para nadie

yo estoy contra los puentes levadizos.

Arte poética

Que golpee y golpee
hasta que nadie
pueda ya hacerse el sordo
que golpee y golpee
hasta que el poeta
sepa
o por lo menos crea
que es a él
a quien llaman.

La infancia es otra cosa

Es fácil vaticinar que los propagandistas de la infancia no
        van a interrumpir su campaña
quieren vendernos la inocencia cual si fuera un
        desodorante o un horóscopo
después de todo saben que caeremos como gorriones en
        la trampa piando nostalgias inventando recuerdos
        perfeccionando la ansiedad

los geniales demagogos de la infancia
así se llamen Amicis o Proust o Lamorisse
sólo recapitulan turbadores sacrificios móviles campanarios
        globos que vuelven a su nube de origen
su paraíso recobrable no es exactamente nuestro siempre
        perdido paraíso
su paraíso tan seguro como dos y dos son cuatro no cabe
        en nuestro mezquino walhalla
ese logaritmo que nunca está en las tablas

los impecables paleontólogos de la infancia
duchos en exhumar rondas triciclos mimos y otros fósiles
tienen olfato e intuición suficientes como para
        desenterrar y desplegar mitos cautivantes pavores
        sabrosos felicidad a cuerda

esos decisivos restauradores
con destreza profesional tapan grietas y traumas
y remiendan con zurcido invisible el desgarrón que
        arruinaba nuestro compacto recuerdo de cielo

sin embargo un día de éstos habrá que entrar a saco la
        podrida infancia
no el desván
allí apenas habitan los juguetes rotos los álbumes de sellos
        el ferrocarril rengo o sea la piel reseca de la infancia
no las fotografías y su letargo sepia
habrá que entrar a saco la miseria

porque la infancia
además del estanque de azogada piedad
que a cualquier precio adquieren los ávidos turistas
        del regreso
además de la espiga y la arañita
y el piano de Mompou
además del alegre asombro que dicen hubo
además de la amistad con el perro del vecino
del juego con las trenzas que hacen juego
además de todo eso
tan radiante tan modestamente fabuloso
y sin embargo tan cruelmente olvidado
la infancia es otra cosa

por ejemplo la oprobiosa galería de rostros
encendidos de entusiasmo puericultor y algunas
        veces de crueldad dulzona
y es (también la infancia tiene su otoño) la caída de las
        primeras máscaras
la vertiginosa temporada que va de la inauguración del
        pánico a la vergüenza de la masturbación inicial
        rudimentaria
la gallina asesinada por los garfios de la misma
        buena parienta que nos arropa al comienzo
        de la noche
la palabra cáncer y la noción de que no hay exorcismo
        que valga

la rebelión de la epidermis las estupefacciones convertidas
     en lamparones de diversos diseños y medidas
la noche como la gran cortina que nadie es capaz de
     descorrer y que sin embargo oculta la prestigiosa
     momia del porvenir

por ejemplo la recurrente pesadilla
de diez cien veinte mil encapuchados
cuyo silencio a coro repetirá un longplay treinta años más
     tarde con el alevoso fascinante murmullo de los
     lamas del Tibet en sus cantos de muerte
pero que por entonces es sólo una interminable fila de
     encapuchados balanceándose saliéndose del sueño
     golpeando en el empañado vidrio de la cocina
     proponiendo el terror y sus múltiples sobornos
     anexos

la otra infancia es qué duda cabe el insomnio con los
     ardides de su infierno acústico
uno dejándose llevar despojado de sábanas mosquitero
     camisón y pellejo
uno sin bronquios y sin tímpanos
dejándose llevar imaginándose llevado hacia un lejanísimo
     casi nalcanzable círculo o celda o sima donde no hay
     hormigas ni abuela ni quebrados ni ventana ni
     sopa y donde el ruido del mundo llega sólo como
     un zumbido ni siquiera insistente
es el golpe en la cara para ser más exacto en la nariz
el caliente sabor de la primera sangre tragada
y el arranque de la inquina la navidad del odio que riza el
     pelo calienta las orejas aprieta los dientes gira los
     puños en un molinete enloquecido mientras los
     demás asisten como un cerco de horripiladas
     esperanzas timideces palabrotas y ojos con náuseas
es la chiquilina obligatoria distancia
la teresa rubia

de ojos alemanes y sonrisa para otros
humilladora de mis lápices de veneración de mis insignias
       de ofrenda de mis estampillas de homenaje
futura pobre gorda sofocada de deudas y de hijos pero
       entonces tan lejos y escarpada
y es también el amigo el único el mejor
aplastado en la calle

sí
un día de éstos habrá que entrar a saco la podrida infancia
habrá que entrar a saco la miseria
sólo después
con el magro botín en las manos crispadamente adultas
sólo después
ya de regreso
podrá uno permitirse el lujo la merced el pretexto el
       disfrute
de hacer escala en el desván
y revisar las fotos en su letargo sepia.

El amor deja cicatrices; el odio, sólo costurones.

El verbo

En el principio era el verbo
y el verbo no era dios
eran las palabras
frágiles transparentes y putas
cada una venía con su estuche
con su legado de desidia
era posible mirarlas al trasluz
o volverlas cabeza abajo
interrogarlas en calma o en francés
ella respondían con guiños cómplices y corruptos
qué suerte unos pocos estábamos en la pomada
éramos el resumen la quintaesencia el zumo
ellas las contraseñas nos valseaban el orgasmo
abanicaban nuestra modesta vanidad
mientras el pueblo ese desconocido
con calvaria tristeza decía no entendernos
no saber de qué hablábamos ni de qué callábamos
hasta nuestros silencios le resultaban complicados
porque también integraban la partitura excelsa
ellas las palabras se ubicaban y reubicaban
eran nuestra vanguardia y cuando alguna caía
acribillada por la moda o el sentido común
las otras se juntaban solidarias y espléndidas
cada derrota las ponía radiantes
porque como sostienen los latinoamericanos del boul mich
la gran literatura sólo se produce en la infelicidad
y solidarias y espléndidas parían
adjetivos y gerundios
preposiciones y delirios

con los cuales decorar el retortijón existencial
y convertirlo en oda o nouvelle o manifiesto
las revoluciones frustradas tienen eso de bueno
provocan angustias de un gran nivel artístico
en tanto las triunfantes apenas si alcanzan
logros tan prosaicos como la justicia social

en el después será el verbo
y el verbo tampoco será dios
tan sólo el grito de varios millones de gargantas
capaces de reír y llorar como hombre nuevos y mujeres
    nuevas

y las palabras putas y frágiles
se volverán sólidas y artesanas
y acaso ganen su derecho a ser sembradas
a ser regadas por los hechos y las lluvias
a abrirse en árboles y frutos
a ser por fin alimento y trofeo
de un pueblo ya maduro por la revolución y la inocencia.

Militancia

A mis compañeros del
Movimiento 26 de Marzo

Hace apenas dos años que nos juntamos
para hacer algo
aunque fuera bien poco
por la patria doméstica
la pobrecita jodida

al principio sentíamos una culpa tibiona
algo así como la húmeda fiebre que anuncia un constipado
porque claro cada uno declamaba su teoría-congoja
que de algún modo permitía entender el malentendido
comunitario

en realidad eran pocos los que habían desenvainado su
furia o su nostalgia
y el futuro mantenía las catástrofes detrás de sus biombos
neblinosos
los salarios eran bajos pero en cambio los presagios eran
altísimos
sin embargo los almaceneros y los sastres ya en ese
        entonces
eran tan necios que no aceptaban presagios a cuenta
como siempre acontece en las amargas crisis y en las
        dulces
hecatombes
los acaparadores acaparaban las ausencias
o sea que sus conciencias y galpones estaban normalmente
repletos

de omisiones de incurias de coartadas
y en consecuencia muchos tipos no tenían con qué matar el
hambre
y entonces se limitaban a torturarla

hace dos años que empezó a ser lindo
juntarnos de a muchos para saber qué pocos éramos
y admitir por unanimidad el desorden del mundo y de la
vida
jurar sobre la biblia o mejor sobre el reglamento
        provisorio
que nunca intentaríamos ordenar del todo vida y mundo
simplemente íbamos a procurar que el caos se dejara
organizar de a poco
y que el hombre mereciera sus castigos pero también sus
recompensas
y sobre todo que no recibiera recompensas o castigos a los
que nunca se había hecho acreedor

de pronto empezaron a morir nuestros hermanos y
nuestras hermanas
y al primer vómito de angustia advertimos que no
estábamos preparados para que nos estafaran así
nomás la vida
la muerte dejó de ser un niño vietnamita quemado con
napalm y cocacola en alguna zona desmilitarizada
para ser un invierno aquí una bomba aquí un dolor aquí
un fusilamiento por la espalda una tristeza inmóvil
apenas visible entre el humo de doscientos
cigarrillos

con cien mil nucos en cien mil gargantas
una tarde cualquier empezamos a llevar amistades y
amores
a la teja al del norte al buceo
al santo camposanto del no olvido

y se acabaron todas las variantes de la joda
hubo que pensar milímetro a milímetro el vasto territorio
del deber
está visto que un pueblo sólo empieza a ser pueblo cuando
cada singular necesita perentoriamente su plural
y fue precisamente la necesidad de plural la que nos llevó
a encontrarnos y vernos las caras y vernos los
miedos y vernos la osadía
la cosa no abundaba
pero era suficiente
no es cierto que el coraje se junte a paladas
más bien se recoge en cucharitas
y sin embargo alcanza
y sin embargo alcanza aunque no sobre

como decía el viejo baldomero
después de darle al hijo soberana paliza
este método es decididamente notable
pero tan sólo para sobrevivientes

no obstante descubrimos que la militancia
esa palabra tantas veces desfondada por la leyenda y los
discursos
era algo tan normal como el estado civil
y tan colectivo como el tiranos temblad
que la militancia ese alfabeto de tradiciones
era sin embargo tan poco tradicional como el amor
por supuesto no es para dar hurras
ni todavía para cantar victoria
ni mucho menos para soltar palomas en la plaza
o para echar esperanzas y campanas a vuelo
ni siquiera para silbar hosannas por el colmillo de los
tangos melancólicos
en realidad falta mucho por vivir y morir
mucho que aprender y desaprender

la historia está como siempre pletórica de edificantes
corazonadas
pero en cambio los miserables suburbios de la historia
están llenos de albañales de frustración y letrinas de
resentimiento
de cepos ideológicos donde se calumnia a los que luchan
de mezquinas envidias por el valor ajeno
de verdades que se fingen para tapar la verdad
hace apenas dos años que nos juntamos
para hacer algo
aunque fuera bien poco
por la patria doméstica
la pobrecita
jodida

y si una cosa hemos por fin aprendido
es que el rencor no vale casi nada
pero menos aún vale el perdón

así que será útil que vayan sabiendo
los buenos
los regulares
y los malos
que si de ahora en adelante caminamos y crecemos
y buscamos y hasta cantamos juntos
eso no quiere decir de ningún modo
que hayamos empezado a perdonar

la militancia también es
una memoria
de elefante.

abril de 1973

Torturador y espejo

Mirate
así

qué cangrejo monstruoso atenazó tu infancia
qué paliza paterna te generó cobarde
qué tristes sumisiones te hicieron despiadado

no escapes a tus ojos
mirate
así

dónde están las walkirias que no pudiste
la primera marmita de tus sañas

te metiste en crueldades de once varas
y ahora el odio te sigue como un buitre

no escapes a tus ojos
mirate
así

aunque nadie te mate
sos cadáver

aunque nadie te pudra
estás podrido

dios te ampare
o mejor
dios te reviente.

Oda a la pacificación

No sé hasta dónde irán los pacificadores con su ruido
    metálico de paz
pero hay ciertos corredores de seguros que ya colocan
    pólizas contra la pacificación
y hay quienes reclaman la pena del garrote para los que
    no quieren ser pacificados

cuando los pacificadores apuntan por supuesto tiran a
    pacificar
y a veces hasta pacifican dos pájaros de un tiro

es claro que siempre hay algún necio que se niega a ser
    pacificado por la espalda
o algún estúpido que resiste la pacificación a fuego lento
en realidad somos un país tan peculiar
que quien pacifique a los pacificadores un buen
    pacificador será.

El exilio provoca nostalgia

Poemas de otros (1973-1974)
La casa y el ladrillo (1976-1977)
Cotidianas (1978-1979)
Viento del exilio (1980-1981)
Geografías (1982-1984)

Hombre preso que mira a su hijo

Al «viejo» hache.

Cuando era como vos me enseñaron los viejos
y también las maestras bondadosas y miopes
que libertad o muerte era una redundancia
a quién se le ocurría en un país
donde los presidentes andaban sin capangas
que la patria o la tumba era otro pleonasmo
ya que la patria funcionaba bien
en las canchas y en los pastoreos
realmente botija no sabían un corno
pobrecitos creían que libertad
era tan sólo una palabra aguda
que muerte era tan sólo grave o llana
y cárceles por suerte una palabra esdrújula

olvidaban poner el acento en el hombre

la culpa no era exactamente de ellos
sino de otros más duros y siniestros
y éstos sí
cómo nos ensartaron
en la limpia república verbal
cómo idealizaron
la vidurria de vacas y estancieros

y cómo nos vendieron un ejército
que tomaba su mate en los cuarteles

uno no siempre hace lo que quiere
uno no siempre puede
por eso estoy aquí
mirándote y echándote
de menos

por eso es que no puedo despeinarte el jopo
ni ayudarte con la tabla del nueve
ni acribillarte a pelotazos

vos ya sabés que tuve que elegir otros juegos
y que los jugué en serio

y jugué por ejemplo a los ladrones
y los ladrones eran policías
y jugué por ejemplo a la escondida
y si te descubrían te mataban
y jugué a la mancha
y era de sangre
botija aunque tengas pocos años
creo que hay que decirte la verdad
para que no la olvides

por eso no te oculto que me dieron picana
que casi me revientan los riñones

todas estas llagas hinchazones y heridas
que tus ojos redondos
miran hipnotizados
son durísimos golpes
son botas en la cara
demasiado dolor para que te lo oculte
demasiado suplicio para que se me borre

pero también es bueno que conozcas
que tu viejo calló
o puteó como un loco
que es una linda forma de callar

que tu viejo olvidó todos los números
(por eso no podría ayudarte en las tablas)
y por lo tanto todos los teléfonos

y las calles y el color de los ojos
y los cabellos y las cicatrices
y en qué esquina
en qué bar
qué parada
qué casa

y acordarse de vos
de tu carita
lo ayudaba a callar
una cosa es morirse de dolor
y otra cosa morirse de vergüenza

por eso ahora
me podés preguntar
y sobre todo
puedo yo responder
uno no siempre hace lo que quiere
pero tiene el derecho de no hacer
lo que no quiere

llorá nomás botija
son macanas
que los hombres no lloran

aquí lloramos todos
gritamos berreaos moqueamos chillamos
maldecimos
porque es mejor llorar que traicionar
porque es mejor llorar que traicionarse

llorá
pero no olvides.

Hombre que mira a su país desde el exilio

A Fleur

País verde y herido
    comarquita de veras
        patria pobre

país ronco y vacío
    tumba muchacha
        sangre sobre sangre

país lejos y cerca
    ocasión del verdugo
        los mejores al cepo

país violín en bolsa
    o silencio hospital
        o pobre artigas

país estremecido
    puño y letra
        calabozo y praderas

país ya te armarás
    pedazo por pedazo
        pueblo mi pueblo

país que no te tengo
    vida y muerte
        cómo te necesito

país verde y herido
    comarquita de veras
        patria pobre.

Táctica y estrategia

Mi táctica es
                    mirarte
aprender cómo sos
quererte como sos

mi táctica es
                    hablarte
y escucharte
construir con palabras
un puente indestructible

mi táctica es
quedarme en tu recuerdo
no sé cómo   ni sé
con qué pretexto
pero quedarme en vos

mi táctica es
                    ser franco
y saber que sos franca
y que no nos vendamos
simulacros
para que entre los dos
no haya telón
                    ni abismos
mi estrategia es
en cambio
más profunda y más
                    simple

mi estrategia es
que un día cualquiera
no sé cómo   ni sé
con qué pretexto
por fin   me necesites.

Viceversa

Tengo miedo de verte
necesidad de verte
esperanza de verte
desazones de verte

tengo ganas de hallarte
preocupación de hallarte
certidumbre de hallarte
pobres dudas de hallarte

tengo urgencia de oírte
alegría de oírte
buena suerte de oírte
y temores de oírte

o sea
resumiendo
estoy jodido
       y radiante
quizá más lo primero
que lo segundo
y también
       viceversa.

Hagamos un trato

Cuando sientas tu herida sangrar
cuando sientas tu voz sollozar
cuenta conmigo.
(De una canción de CARLOS PUEBLA)

Compañera
usted sabe
puede contar
conmigo
no hasta dos
o hasta diez
sino contar
conmigo
si alguna vez
advierte
que la miro a los ojos
y una veta de amor
reconoce en los míos
no alerte sus fusiles
ni piense qué delirio
a pesar de la veta
o tal vez porque existe
usted puede contar
conmigo

si otras veces
me encuentra
huraño sin motivo
no piense qué flojera

igual puede contar
conmigo

pero hagamos un trato
yo quisiera contar
con usted
es tan lindo
saber que usted existe
uno se siente vivo
y cuando digo esto
quiero decir contar
aunque sea hasta dos
aunque sea hasta cinco
no ya para que acuda
presurosa en mi auxilio
sino para saber
a ciencia cierta
que usted sabe que puede
contar conmigo.

Los formales y el frío

Quién iba a prever que el amor   ese informal
se dedicara a ellos   tan formales
mientras almorzaban por primera vez
ella muy lenta y él no tanto
y hablaban con sospechosa objetividad
de grandes temas en dos volúmenes
su sonrisa   la de ella
era como un augurio o una fábula
su mirada   la de él   tomaba nota
de cómo eran sus ojos los de ella
pero sus palabras las de él
no se enteraban de esa dulce encuesta
como siempre   o como casi siempre
la política condujo a la cultura
así que por la noche concurrieron al teatro
sin tocarse una uña o un ojal
ni siquiera una hebilla o una manga
y como a la salida hacía bastante frío
y ella no tenía medias
sólo sandalias por las que asomaban
unos dedos muy blancos e indefensos
fue preciso meterse en un boliche

y ya que el mozo demoraba tanto
ellos optaron por la confidencia
extra seca y sin hielo por favor

cuando llegaron a su casa   la de ella
ya el frío estaba en sus labios   los de él

81

de modo que ella   fábula y augurio
le dio refugio y café instantáneos
una hora apenas de biografía y nostalgias
hasta que al fin sobrevino un silencio
como se sabe en estos casos es bravo
decir algo que realmente nos sobre

él probó   sólo falta que me quede a dormir
y ella probó   por qué no te quedás
y él   no me lo digas dos veces
y ella   bueno por qué no te quedás

de manera que él se quedó   en principio
a besar sin usura sus pies fríos   los de ella
después ella besó sus labios   los de él
que a esa altura ya no estaban tan fríos
y sucesivamente así
mientras los grandes temas
dormían el sueño que ellos no durmieron

Saberte aquí

Podés querer el alba
cuando quieras
he conservado intacto
tu paisaje
podés querer el alba
cuando ames
venir a reclamarte
como eras
aunque ya no seas vos
aunque mi amor te espere
quemándose en tu azar
y tu sueño sea eso
y mucho más

esta noche otra noche
aquí estarás
y cuando gima el cuerpo
giratorio
en esta paz ahora
dirás
quiero esta paz

ahora podés
venir a reclamarte
penetrar en tu noche
de alegre angustia
reconocer tu tibio
corazón sin excusas
los cuadros

las paredes
saberte aquí

he conservado intacto
tu paisaje
pero no sé hasta dónde
está intacto sin vos

podés querer el alba
cuando quieres
venir a reclamarte
como eras
aunque el pasado sea
despiadado
y hostil

aunque contigo traigas
dolor y otros milagros
aunque seas otro rostro
de tu cielo hacia mí.

No te salves

No te quedes inmóvil
al borde del camino
no congeles el júbilo
no quieras con desgana
no te salves ahora
ni nunca
       no te salves
no te llenes de calma
no reserves del mundo
sólo un rincón tranquilo
no dejes caer los párpados
pesados como juicios
no te quedes sin labios
no te duermas sin sueño
no te pienses sin sangre
no te juzgues sin tiempo

pero si
       pese a todo
no puedes evitarlo
y congelas el júbilo
y quieres con desgana
y te salvas ahora
y te llenas de calma
y reservas del mundo
sólo un rincón tranquilo
y dejas caer los párpados
pesados como juicios

y te secas sin labios
y te duermes sin sueño
y te piensas sin sangre
y te juzgas sin tiempo
y te quedas inmóvil
al borde del camino
y te salvas
             entonces
no te quedes conmigo.

Te quiero

Tus manos son mi caricia
mis acordes cotidianos
te quiero porque tus manos
trabajan por la justicia

    si te quiero es porque sos
    mi amor mi cómplice y todo
    y en la calle codo a codo
    somos mucho más que dos

tus ojos son mi conjuro
contra la mala jornada
te quiero por tu mirada
que mira y siembra futuro

tu boca que es tuya y mía
tu boca no se equivoca
te quiero porque tu boca
sabe gritar rebeldía

    si te quiero es porque sos
    mi amor mi cómplice y todo
    y en la calle codo a codo
    somos mucho más que dos

y por tu rostro sincero
y tu paso vagabundo
y tu llanto por el mundo
porque sos pueblo te quiero

y porque amor no es aureola
ni cándida moraleja
y porque somos pareja
que sabe que no está sola

te quiero en mi paraíso
es decir que en mi país
la gente viva feliz
aunque no tenga permiso

si te quiero es porque sos
mi amor mi cómplice y todo
y en la calle codo a codo
somos mucho más que dos.

Vas y venís

A Luz

De carrasco a aeroparque y viceversa
vas y venís con libros y bufandas
y encargos y propósitos y besos

tenés gusto a paisito en las mejillas
y una fe contagiosa en el augurio

vas y venís como un péndulo cuerdo
como un comisionista de esperanzas
o como una azafata voluntaria
tan habituada estás a los arribos
y a las partidas un poquito menos

quién iba a imaginar cuando empezábamos
la buena historia hace veintiocho años
que en un apartamento camarote
donde no llega el sol pero vos sí
íbamos a canjear noticia por noticia
sin impaciencia ya   como quien suma

y cuando te dormís y yo sigo leyendo
entre cuatro paredes algo ocurre
estás aquí dormida y sin embargo
me siento acompañado como nunca.

Salutación del optimista

A instancias de mis amigos cuerdos y cautelosos
que ya no saben si diagnosticarme
prematuro candor o simple chifladura
abro el expediente de mi optimismo
y uno por uno repaso los datos

allá en el paisito quedó mi casa
con mi gente mis libros y mi aire
desde sus ventanas grandes conmovedoras
se ven otras ventanas y otras gentes
se oye cómo pasa aullando la muerte
son los mismos aullidos verdes y azules son
los que acribillaron a mis hermanos

los cementerios están lejos pero
los hemos acercado con graves excursiones
detrás de primaveras y ataúdes
y de sueños quebrados
y de miradas fijas

los calabozos están lejos pero
los hemos acercado a nuestro invierno

sobre un lecho de odios duermen sin pesadillas
muchachos y muchachas que arribaron juntos
a la tortura y a la madurez
pero hay que aclarar que otras y otros los sueñan
noche a noche en las casas oscuras y a la espera

la gente
la vulgar y la silvestre
no los filatélicos de hectáreas y vaquitas
va al exilio a cavar despacio su nostalgia

y en las calles vacías y furiosas
queda apenas uno que otro mendigo
para ver cómo pasa el presidente

en la cola del hambre nadie habla
de fútbol ni de ovnis
hay que ahorrar argumentos y saliva
y las criaturas que iban a nacer
regresan con espanto al confort de la nada

ésta es la absurda foja de mi duro optimismo
prematuro candor o simple chifladura
lo cierto es que debajo de estas calamidades
descubro una sencilla descomunal ausencia

cuando los diez tarados mesiánicos de turno
tratan de congregar la obediente asamblea
el pueblo no hace quorum

por eso
porque falta sin aviso
a la convocatoria de los viejos blasfemos
porque toma partido por la historia
y no tiene vergüenza de sus odios
por eso aprendo y dicto mi lección de optimismo
y ocupo mi lugar en la esperanza.

La casa y el ladrillo

Me parezco al que llevaba el ladrillo
consigo para mostrar al mundo cómo
era su casa.
BERTOLT BRECHT

Cuando me confiscaron la palabra
y me quitaron hasta el horizonte
cuando salí silbando despacito
y hasta hice bromas con el funcionario
de emigración o desintegración
y hubo el adiós de siempre con la mano
a la familia firme en la baranda
a los amigos que sobrevivían
y un motor el derecho tosió fuerte
y movió la azafata sus pestañas
como diciendo a vos yo te conozco
yo tenía estudiada una teoría
del exilio mis pozos del exilio
pero el cursillo no sirvió de nada

cómo saber que las ciudades reservaban
una cuota de su amor más austero
para los que llegábamos
con el odio pisándonos la huella
cómo saber que nos harían sitio
entre sus escaseces más henchidas
y sin averiguarnos los fervores
ni mucho menos el grupo sanguíneo
abrirían de par en par sus gozos
y también sus catástrofes

para que nos sintiéramos
igualito que en casa

cómo saber que yo mismo iba a hallar
sábanas limpias desayunos abrazos
en pueyrredón y french
en canning y las heras
y en lince
y en barranco
y en arequipa al tres mil seiscientos
y en el vedado
y dondequiera

siempre hay calles que olvidan sus balazos
sus silencios de pizarra lunar
y eligen festejarnos recibirnos llorarnos
con sus tiernas ventanas que lo comprenden todo
e inesperados pájaros entre flores y hollines
también plazas con pinos discretísimos
que preguntan señor cómo quedaron
sus acacias sus álamos
y los ojos se nos llenan de láminas
en rigor nuestros árboles están sufriendo como
por otra parte sufren los caballos la gente
los gorriones los paraguas las nubes
en un país que ya no tiene simulacros

es increíble pero no estoy solo
a menudo me trenzo con manos o con voces
o encuentro una muchacha para ir lluvia adentro
y alfabetizarme en su áspera hermosura
quién no sabe a esta altura que el dolor
es también un ilustre apellido
con éste o con aquélla nos miramos de lejos
y nos reconocemos por el rictus paterno
o la herida materna en el espejo

el llanto o la risa como nombres de guerra
ya que el llanto o la risa legales y cabales
son apenas blasones coberturas
estamos desarmados como sueño en andrajos
peor los anfitriones nos rearman de apuro
nos quieren como aliados y no como reliquias
aunque a veces nos pidan la derrota en hilachas
para no repetirla

inermes como sueños así vamos
pero los anfitriones nos formulan preguntas
que incluyen su semilla de respuesta
y ponen sus palomas mensajeras y lemas
a nuestra tímida disposición
y claro sudamos los mismos pánicos
temblamos las mismas preocupaciones

a medida que entramos en el miedo
vamos perdiendo nuestra extranjería
el enemigo es una niebla espesa
es el común denominador o
denominador plenipotenciario
es bueno reanudar el enemigo
de lo contrario puede acontecer
que uno se ablande al verlo tan odioso
el enemigo es siempre el mismo cráter
todavía no hay volcanes apagados

cuando nos escondemos a regar
la maceta con tréboles venéreos
aceitamos bisagras filosóficas
le ponemos candado a los ex domicilios
y juntamos las viudas militancias
y desobedecemos a los meteorólogos
soñamos con axilas y grupas y caricias
despertamos oliendo a naftalina

todos los campanarios nos conmueven
aunque tan sólo duren en la tarde plomiza
y estamos abollados de trabajo

el recuerdo del mar cuando no hay mar
nos desventura la insolencia y la sangre
y cuando hay mar de un verde despiadado
la ola rompe en múltiples agüeros

uno de los problemas de esta vida accesoria
es que en cada noticia emigramos
siempre los pies alados livianísimos
del que espera la señal de largada
y claro a medida que la señal no llega
nos aplacamos y nos convertimos
en hermes apiñados y reumáticos
y bien esa maciza ingravidez
alza sus espirales de humo en el lenguaje
hablamos de botijas o gurises
y nos traducen pibe fiñe guagua
suena *ta* o *taluego*
y es como si cantáramos desvergonzadamente
do jamás se pone el sol se pone el sol

y nos aceptan siempre
nos inventan a veces
nos lustran la morriña majadera
con la nostalgia que hubieran tenido
o que tuvieron o que van a tener
pero además nos muestran ayeres y anteayeres
la película entera a fin de que aprendamos
que la tragedia es ave migratoria
que los pueblos irán a contramuerte
y el destino se labra con las uñas

habrá que agradecerlos de por vida
acaso más que el pan y la cama y el techo
y los poros alertas del amor
habrá que recordar con un exvoto
esa pedagogía solidaria y tangible

por lo pronto se sienten orgullosos
de entender que no vamos a quedarnos
porque claro hay un cielo
que nos gusta tener sobre la crisma
así uno va fundando las patrias interinas
segundas patrias siempre fueron buenas
cuando no nos padecen y no nos compadecen
simplemente nos hacen un lugar junto al fuego
y nos ayudan a mirar las llamas
porque saben que en ellas vemos nombres y bocas

es dulce y prodigiosa esta patria interna
con manos tibias que reciben dando
se aprende todo menos las ausencias
hay certidumbres y caminos rotos
besos rendidos y provisionales
brumas con barcos que parecen barcos
y lunas que reciben nuestra noche
con tangos marineras sones rumbas
y lo importante es que nos acompañan
con su futuro a cuestas y sus huesos

esta patria interina es dulce y honda
tiene la gracia de rememorarnos
de alcanzarnos noticias y dolores
como si recogiera cachorros de añoranza
y los diera a la suerte de los niños
de a poco percibimos los signos del paisaje
y nos vamos midiendo primero con sus nubes
y luego con sus rabias y sus glorias

primero con sus nubes
que unas veces son fibras filamentos
y otras veces tan redondas y plenas
como tetas de madre treinteañera
y luego con sus rabias y sus glorias
que nunca son ambiguas

acostumbrándonos a sus costumbres
llegamos a sentir sus ráfagas de historia
y aunque siempre habrá un nudo inaccesible
un útero de glorias que es propiedad privada
igual nuestra confianza izará sus pendones
y creeremos que un día que también que ojalá
aquí no me segrego
tampoco me segregan
hago de centinela de sus sueños
podemos ir a escote en el error
o nutrirnos de otras melancolías

algunos provenimos del durazno y la uva
otros vienen del mango y el mamey
y sin embargo vamos a encontrarnos
en la indócil naranja universal

el enemigo nos vigila acérrimo
él y sus corruptólogos husmean
nos aprenden milímetro a milímetro
estudian las estelas que deja el corazón
pero no pueden descifrar el rumbo
se les ve la soberbia desde lejos
sus llamas vuelven a lamer el cielo
chamuscando los talones de dios
su averno monopólico ha acabado
con el infierno artesanal de leviatán

es fuerte el enemigo y sin embargo
mientras la bomba eleva sus hipótesis
y todo se asimila al holocausto
una chiva tranquila una chiva de versa
prosigue masticando el islote

ella solita derrotó al imperio
todos tendríamos que haber volado
a abrazar a esa hermana
ella sí demostró lo indemostrable
y fue excepción y regla todo junto
y gracias a esa chiva de los pueblos
ay nos quedamos sin apocalipsis

cuando sentimos el escalofrío
y los malos olores de la ruina
siempre es bueno saber que en algún meridiano
hay una chiva a lo mejor un puma
un ñandú una jutía una lombriz
un espermatozoide un feto una criatura
un hombre o dos un pueblo
una isla un archipiélago
un continente un mundo
tan firmes y tan dignos de seguir masticando
y destruir al destructor y acaso
desapocalipsarnos para siempre
es germinal y aguda esta patria interna
y nuestro desconsuelo integra su paisaje
pero también lo integra nuestro bálsamo

por supuesto sabemos desenrollar la risa
y madrugar y andar descalzos por la arena
narrar blancos prodigios a los niños
inventar minuciosos borradores de amor
y asarlos en limpio en la alta noche
juntar pedazos de canciones viejas

decir cuentos de loros y gallegos
y de alemanes y de cocodrilos
y jugar al pingpong y a los actores
bailar el pericón y la milonga
traducir un bolero al alemán
y dos tangos a un veste casi quechua
claro no somos una pompa fúnebre
usamos el derecho a la alegría

pero cómo ocultarnos los derrumbes
el canto se nos queda en estupor
hasta el amor es de pronto una culpa
nadie se ríe de los basiliscos
he visto a mis hermanos en mis patrias suplentes
postergar su alegría cuando muere la nuestra
y ése sí es un tributo inolvidable

por eso cuando vuelva
y algún día será
a mi tierra mis gentes y mi cielo
ojalá que el ladrillo que a puro riesgo traje
para mostrar al mundo cómo era mi casa
dure como mis duras devociones
a mis patrias suplentes compañeras
viva como un pedazo de mi vida
quede como ladrillo en otra casa.

junio de 1976

Ciudad en que no existo

Creo que mi ciudad ya no tiene consuelo
entre otras cosas porque me ha perdido
o acaso sea pretexto de enamorado
que amaneciendo lejos imagina
sus arboledas y sus calles blancas

seguramente ella no recuerda
mis pasos que la saben de memoria
o tal vez esté sorda y ensimismada
y entorne sus persianas como párpados
para no ver la expiación del amor

yo en cambio la recuerdo aunque me ignore
a través de la bruma la distingo
y a pesar de acechanzas y recelos
la recupero cálida y soleada
única como un mito discretísimo

recojo de anteayer su imagen persuasiva
que nos había convencido a todos
uno se acomodaba entre las rocas
y el agua mansa de río salado
venía a lamer los pies y casi se quedaba
y cuando el horizonte se encendía
y había en el aire un hilo como baba de dios
que en uno de sus cabos tenía a un negrito
y en el otro un barrilete rubio
uno no era feliz pero faltaba poco
y cuando el horizonte se apagaba

y una hebra de sol se quedaba en un pájaro
el pino verde claro y el pino verde oscuro
acababan meciéndose como las siluetas
de dos gandules que lamentaran algo

de pronto la noche se volvía perpetua
y la alegría dulce y taciturna
si la vía lechosa se volcaba
sobre nosotros reminiscentes
era lindo acampar en el insomnio

exhumo mi ciudad tal como era
con apenas tres puntos cardinales
ya que donde vendría a estar el sur
no era punto cardinal sino un río
que descaradamente presumía de mar

todas las calles conducen al río mar
de todas las terrazas se divisa el mar río
en prosa se diría que es una península
pero en verso es mejor un barco desbocado
que se aleja del norte por las dudas

para cada uno la ciudad comienza
en un sitio cualquiera pero siempre distinto
mas aún hubo días en que la ciudad
para mí empezaba en la plaza matriz
y otros en velsen y santiago de anca
la ciudad arranca allí donde uno
se siente absuelto por los niños terribles
casi comprendido por los zaguanes
interrogado por la reja o el farol
urgido por el muro pedagógico
la ciudad también puede empezar
con la primera muchacha que viene
a nuestro encuentro pero pasa de largo

y de todos modos deja una fruición
en el bochorno de las once y media

qué mujeres lindas tenía mi ciudad
hasta que las pusieron entre cuatro paredes
y las humillaron con delectación
qué mujeres lindas tienen los calabozos
qué hermanas silenciosas corajudas

luego que el mediodía acumula propuestas
y es tiempo de una siesta que no duermo
hay una verde comunión de rumores
tengo ganas de besar pero los labios
complementarios faltan sin aviso

la calle es la espina dorsal del barrio
es también el penthouse del linyera
un bostezo en la acera de sombra
garabato a destiempo
yuyito entre adoquines
la calle es por supuesto una pareja
una puerta cancel con vaticinios
la calle es un incendio y una estatua
y sobre todo una panadería
la calle es el ombú y el aguacero

todo eso era antes porque ahora
la calle es líber y es ibero
es hugo y heber y susana
los ocho obreros del paso molino
y nuestras marchas a los cementerios

la calle es la sirena horripilante
de un presidente que respira blindado
es una fila de hombres contra el muro
la sangre de sendic en las paredes

gente que corre huyendo de la gente
todo eso es ahora porque antes
la calle era un muestrario de balcones
la calle era estudiantes más obreros
a veces un tordillo vagabundo
o apenitas un chau de vereda a vereda

todo eso era antes porque ahora
la calle es una pinza omnipresente
es el toba y zelmar que vuelven a la tierra
peleando ya cadáveres por la misma bandera
que sus asesinos no pueden soportar

antes ahora antes ahora antes
cumplo con la absurda ceremonia
de escindir mi ciudad en dos mitades
en un rostro ritual y otro crispado
en dos rumbos contrarios en dos tiempos

y sin embargo es útil recordar
que el ahora estaba germinando en el antes
que el ahora integral sólo pudo formarse
con pedazos de antes
y de antes de antes

por eso mi ciudad diezmada y fuerte
llora desde los ojos del impar derrotado
desde los viejos ojos de curuguarty
que habían aprendido a ver visiones
en treinta años de un exilio infalible

ciudad donde dormimos demasiado
sin velar en lo oscuro lo mejor de nosotros
y sin creer ni aceptar que los crueles
siempre vuelven al lugar de su crimen
para acabar con los sobrevivientes

nos quedábamos sordos con los propios truenos
mientras el enemigo en su cámara hermética
anotaba los márgenes de mein kampf

hoy mi ciudad escucha su silencio
y no puede creer en tanta ausencia
y no puede creer en tanta muerte
y menos aún que no haya semáforos
en las avenidas del camposanto

pero sigue existiendo mi indeleble ciudad
abandonada en su tumba de calles
el chorro de su fuente no llega hasta la nube
la cruz y la campana confundidas
y nobles y autocríticas disuaden de lo eterno

los mediadores entre vida y sombra
ya no prometen y se deshabitan
de esperanzas que embriagan
la fogata genera su ceniza
la penúltima rosa está fané

los buitres planean como siempre
sobre prometedoras agonías
hay alaridos que imitan el susurro
hay susurros que imitan el silencio
hay silencios que van a ser la muerte
ya ni los niños sueñan despiertos y benignos
en los ojos abiertos llevan el alfabeto
la *a* de ansiedad la *b* de bronca
la *c* de caos la *d* de descalabro
la *e* de esperanza la *f* de futuro

si jugaban al fóbal en los campitos
ahora juegan a seguir siendo niños
para que nadie advierta cómo han madurado

con las ausencias y las malas noticias
y la falta absoluta de noticias

antes memorizaban las tablas y las fórmulas
honduras capital tegucigalpa
ahora se muerden los labios y se entrenan
para olvidar los nombres y los rostros
de los amigos de amigos de sus padres

así aunque las estatuas sepan hacer la venia
y las chicharras callen pero no otorguen
cómo no voy a reconocer mi ciudad
si el guiño cómplice de la farola
me comunica con el porvenir

mi ciudad vive pero en sus entrelíneas
todo chamuyo es un sobrentendido
cada jerigonza va en busca de su tímpano
hay contraseñas hasta en las bocinas
la sístole y la diástole aprendieron su morse
la consigna es vivir a pesar de ellos
al margen de ellos o en medio de ellos
convivir revivir sobrevivir vivir
con la paciencia que no tienen los flojos
pero que siempre han tenido los pueblos

la consigna es joderles el proyecto
seguir siendo nosotros y además formar parte
de esa linda tribu que es la humanidad
qué proeza si arruináramos nuestra ruina y de paso
liberáramos nuestra liberación

a veces mi ciudad se anunciaba lluviosa
cumplía su promesa con gotas importadas
después venía el chaparrón de paz
y era una lluvia mansa de esas que empiezan pero
nunca se sabe cuándo terminan

a veces mi ciudad era un golfo de sol
con arenas doradas y sombrillas azules
los cuerpos aprendían a descifrarse
se elegían de un vistazo y para siempre
aunque el siempre durara dos veranos

cuando escribo estos rápidos indicios
algo en mí se estremece se sonríe
juro sobre el decamerón que en este instante
se me ha extraviado la computadora
aquella que extraía raíces ideológicas
soy apenas un hombre de mi ciudad
que quisiera tenerla bajo sus plantas
y si me encono no es un simple achaque
también se debe a que me la quitaron
sin consultarme como viviente

la cosa no es golpearse el pecho
ni regodearse en el desconsuelo
ni aprontarse para el derrumbe
este capítulo no es de tango
ergo a inscribirse en el futuro

quizá eso signifique que para los mejores
el futuro va a ser una victoria plena
para algunos otros la ocasión de encontrarse
y para muchos más una franja de vida
ergo a inscribirse en el futuro

por eso he decidido ayudarte a existir
aunque sea llamándote ciudad en que no existo
así sencillamente ya que existís en mí
he decidido que me esperes viva
y he resuelto vivir para habitarte.

Bodas de perlas

A Luz

C'est quand meme beau de rajeunir.
RONY LESCOUFLAIR

Después de todo qué complicado es el amor breve
y en cambio qué sencillo el largo amor
digamos que éste no precisa barricadas
contra el tiempo ni contra el destiempo
ni se enreda en fervores a plazo fijo

el amor breve aún en aquellos tramos
en que ignora su proverbial urgencia
siempre guarda o esconde o disimula
semiadioses que anuncian la invasión del olvido
en cambio el largo amor no tiene cismas
ni soluciones de continuidad
más bien continuidad de soluciones

esto viene ligado a una historia la nuestra
quiero decir de mi mujer y mía
historia que hizo escala en treinta marzos
que a esta altura son como treinta puentes
como treinta provincias de la misma memoria
porque cada época de un largo amor
cada capítulo de una consecuente pareja
es una región con sus propios árboles y ecos
sus propios descampados sus tibias contraseñas
he aquí que mi mujer y yo somos lo que se llama

una pareja corriente y por tanto despareja
treinta años incluidos los ocho bisiestos
de vida en común y en extraordinario

alguien me informa que son bodas de perlas
y acaso lo sean ya que perla es secreto
y es brillo llanto fiesta hondura
y otras alegorías que aquí vienen de perlas

cuando la conocí
tenía apenas doce años y negras trenzas
y un perro atorrante
que a todos nos servía de felpudo
yo tenía catorce y ni siquiera perro
calculé mentalmente futuro y arrecifes
y supe que me estaba destinada
mejor dicho que yo era el destinado
todavía no sé cuál es la diferencia
así y todo tardé seis años en decírselo
y ella un minuto y medio en aceptarlo

pasé una temporada en buenos aires
y le escribía poemas o pancartas de amor
que ella ni siquiera comentaba en contra
y yo sin advertir la grave situación
cada vez escribía más poemas más pancartas
realmente fue una época difícil

menos mal que decidí regresar
como un novio pródigo cualquiera
el hermano tenía bicicleta
claro me la prestó y en rapto de coraje
salí en bajada por la calle almería
ah lamentablemente el regreso era en repecho

ella me estaba esperando muy atenta

cansado como un perro aunque enhiesto y altivo
bajé de aquel siniestro rodado y de pronto
me desmayé en sus brazos providenciales
y aunque no se ha repuesto aún de la sorpresa
juro que no lo hice con premeditación

por entonces su madre nos vigilaba
desde las más increíbles atalayas
yo me sentía cancerbado y miserable
delincuente casi delicuescente

claro eran otros tiempos y montevideo
era una linda ciudad provinciana
sin capital a la que referirse
y con ese trauma no hay terapia posible
eso deja huellas en las plazoletas

era tan provinciana que el presidente
andaba sin capangas y hasta sin ministros
uno podía encontrarlo en un café
o comprándose corbatas en una tienda
la prensa extranjera destacaba ese rasgo
comparándonos con suiza y costa rica
siempre estábamos llenos de exilados
así se escribía en tiempos suaves
ahora en cambio somos exiliados
pero la diferencia no reside en la i

eran bolivianos paraguayos cariocas
y sobre todo eran porteños
a nosotros nos daba mucha pena
verlos en la calle nostalgiosos y pobres
vendiéndonos recuerdos y empanadas

es claro son antiguas coyunturas
sin embargo señalo a lectores muy jóvenes
que graham bell ya había inventado el teléfono
de aquí que yo me instalara puntualmente a las seis
en la cervecería de la calle yatay
y desde allí hacía mi llamada de novio
que me llevaba como media hora
a tal punto era insólito mi lungo metraje
que ciertos parroquianos rompebolas
me gritaban cachándome al unísono
dale anclao en parís

como ven el amor era dura faena
y en algunas vergüenzas
casi industria insalubre

para colmo comí abundantísima lechuga
que nadie había desinfectado con carrel
en resumidas cuentas contraje el tifus
no exactamente el exantemático
pero igual de alarmante y podrido
me daban agua de apio y jugo de sandía
yo por las dudas me dejé la barba
e impresionaba mucho a las visitas

una tarde ella vino hasta mi casa
y tuvo un proceder no tradicional
casi diría prohibido y antihigiénico
que a mí me pareció conmovedor
besó mis labios tíficos y cuarteados
conquistándome entonces para siempre
ya que hasta ese momento no creía
que ella fuese tierna inconsciente y osada

de modo que no bien logré recuperar
los catorce kilos perdidos en la fiebre

me afeité la barba que no era de apóstol
sino de bichicome o de ciruja
me dediqué a ahorrar y junté dos mil mangos
cuando el dólar estaba me parece a uno ochenta

además decidimos nuestras vocaciones
quiero decir vocaciones rentables
ella se hizo aduanera y yo taquígrafo
íbamos a casarnos por la iglesia
y no tanto por dios padre y mayúsculo
como por el minúsculo jesús entre ladrones
con quien siempre me sentí solidario
pero el cura además de católico apostólico
era también romano y algo tronco
de ahí que exigiera no sé qué boleta
de bautismo o tal vez de nacimiento

si de algo estoy seguro es que he nacido
por lo tanto nos mudamos a otra iglesia
donde un simpático pastor luterano
que no jodía con los documentos
sucintamente nos casó y nosotros
dijimos sí como dándonos ánimo
y en la foto salimos espantosos

nuestra luna y su miel se llevaron a cabo
con una praxis semejante a la de hoy
ya que la humanidad ha innovado poco
en este punto realmente cardinal

fue allá por marzo del cuarenta y seis
meses después que daddy truman
conmovido generoso sensible expeditivo
convirtiera a hiroshima en ciudad cadáver
en inmóvil guiñapo en no ciudad

muy poco antes o muy poco después
en brasil adolphe berk embajador de usa
apoyaba qué raro el golpe contra vargas
en honduras las inversiones yanquis
ascendían a trescientos millones de dólares
paraguay y uruguay en intrépido ay
declaraban la guerra a alemania
sin provocar por cierto grandes conmociones
en chile allende era elegido senador
y en haití los estudiantes iban a la huelga
en martinica aimé césaire el poeta
pasaba a ser alcalde en fort de france
en santo domingo el PCD
se transformaba en PSP
y en méxico el PRM
se transformaba en PRI
en bolivia no hubo cambios de siglas
pero faltaban tres meses solamente
para que lo colgaran a villarroel
argentina empezaba a generalizar
y casi de inmediato a coronelizar

nosotros dos nos fuimos a colonia suiza
ajenos al destino que se incubaba
ella con un chaleco verde que siempre me gustó
y yo con tres camisas blancas

en fin después hubo que trabajar
y trabajamos treinta años
al principio éramos jóvenes pero no lo sabíamos
cuando nos dimos cuenta ya no éramos jóvenes
si ahora todo parece tan remoto será
porque allí una familia era algo importante
y hoy es de una importancia reventada

cuando quisimos acordar el paisito
que había vivido una paz no ganada
empezó lentamente a trepidar
pero antes anduvimos muy campantes
por otras paces y trepidaciones
combinábamos las idas y las vueltas
la rutina nacional con la morriña allá lejos
viajamos tanto y con tantos rumbos
que nos cruzábamos con nosotros mismos
unos eran viajes de imaginación qué baratos
y otros qué lata con pasaporte y vacuna

miro nuestras fotos de venecia de innsbruck
y también de malvín
del balneario solís o el philosophenweg
estábamos estamos estaremos juntos
pero cómo ha cambiado el alrededor
no me refiero al fondo con mugrientos canales
ni al de dunas limpias y solitarias
ni al hotel chajá ni al balcón de goethe
ni al contorno de muros y enredaderas
sino a los ojos crueles que nos miran ahora

algo ocurrió en nuestra partícula de mundo
que hizo de algunos hombres maquinarias de horror
estábamos estamos estaremos juntos
pero qué rodeados de ausencias y mutaciones
qué malheridos de sangre hermana
qué enceguecidos por la hoguera maldita
ahora nuestro amor tiene como el de todos
inevitables zonas de tristeza y presagios
paréntesis de miedo incorregibles lejanías
culpas que quisiéramos inventar de una vez
para liquidarlas definitivamente

la conocida sombra de nuestros cuerpos
ya no acaba en nosotros
sigue por cualquier suelo cualquier orilla
hasta alcanzar lo real escandaloso
y lamer con lealtad los restos de silencio
que también integran nuestro largo amor
hasta las menudencias cotidianas
se vuelven gigantescos promontorios
la suma de corazón y corazón
es una suasoria paz que quema
los labios empiezan a moverse
detrás del doble cristal sordomudo
por eso estoy obligado a imaginar
lo que ella imagina y viceversa

estábamos estamos estaremos juntos
a pedazos a ratos a párpados a sueños
soledad norte más soledad sur
para tomarle una mano nada más
ese primario gesto de la pareja
debí extender mi brazo por encima
de un continente intrincado y vastísimo
y es difícil no sólo porque mi brazo es corto
siempre tienen que ajustarme las mangas
sino porque debo pasar estirándome
sobre las torres de petróleo en maracaibo
los inocentes cocodrilos del amazonas
los tiras orientales de livramento
es cierto que treinta años de oleaje
nos dan un inconfundible aire salitroso
y gracias a él nos reconocemos
por encima de acechanzas y destrucciones

la vida íntima de dos
esa historia mundial en livre de poche
es tal vez un cantar de los cantares
más el eclesiastés y sin apocalipsis
una extraña geografía con torrentes
ensenadas praderas y calmas chichas

no podemos quejarnos
en treinta años la vida
nos ha llevado recio y traído suave
nos ha tenido tan pero tan ocupados
que siempre nos deja algo para descubrirnos
a veces nos separa y nos necesitamos
cuando uno necesita se siente vivo
entonces nos acerca y nos necesitamos

es bueno tener a mi mujer aquí
aunque estemos silenciosos y sin mirarnos
ella leyendo su séptimo círculo
y adivinando siempre quién es el asesino
yo escuchando noticias de onda corta
con el auricular para no molestarla
y sabiendo también quién es el asesino

la vida de pareja en treinta años
es una colección inimitable
de tangos diccionarios angustias mejorías
aeropuertos camas recompensas condenas
pero siempre hay un llanto finísimo
casi un hilo que nos atraviesa
y va enhebrando una estación con otra
borda aplazamientos y triunfos
le cose los botones al desorden
y hasta remienda melancolías

siempre hay un finísimo llanto un placer
que a veces ni siquiera tiene lágrimas
y es la parábola de esta historia mixta
la vida a cuatro manos el desvelo
o la alegría en que nos apoyamos
cada vez más seguros casi como
dos equilibristas sobre su alambre
de otro modo no habríamos llegado a saber
qué significa el brindis que ahora sigue
y que lógicamente no vamos a hacer público.

23 de marzo de 1976

cada comarca
tiene los fanatismos
que se merece

Otro cielo

La stranezza di un cielo che non è il tuo.
Cesare Pavese

No existe esponja para lavar el cielo
pero aunque pudieras enjabonarlo
y luego echarle baldes y baldes de mar
y colgarlo al sol para que se seque
siempre te faltaría un pájaro en silencio

no existen métodos para tocar el cielo
pero aunque te estiraras como una palma
y lograras rozarlo en tus delirios
y supieras por fin cómo es al tacto
siempre te faltaría la nube de algodón

no existe un puente para cruzar el cielo
pero aunque consiguieras llegar a la otra orilla
a fuerza de memoria y de pronósticos
y comprobaras que no es tan difícil
siempre te faltaría el pino del crepúsculo

eso porque se trata de un cielo que no es tuyo
aunque sea impetuoso y desgarrado
en cambio cuando llegues al que te pertenece
no lo querrás lavar ni tocar ni cruzar
pero estarán el pájaro y la nube y el pino.

Grillo constante

Mientras aquí en la noche sin percances
pienso en mis ruinas   bajo a mis infiernos
inmóvil en su dulce anonimato
el grillo canta nuevas certidumbres

mientras hago balance de mis yugos
y una muerte cercana me involucra
en algún mágico rincón de sombras
canta el grillo durable y clandestino

mientras distingo en sueños los amores
y los odios proclamo ya despierto
implacable rompiente soberano
el grillo canta en nombre de los grillos

la ansiedad de saber o de ignorar
flamea en la penumbra y me concierne
pero no importa   desde su centímetro
tenaz como un obrero canta el grillo.

Soy un caso perdido

Por fin un crítico sagaz reveló
(ya sabía yo que iban a descubrirlo)
que en mis cuentos soy parcial
y tangencialmente me exhorta
a que asuma la neutralidad
como cualquier intelectual que se respete

creo que tiene razón

soy parcial
de esto no cabe duda
más aún yo diría que un parcial irrescatable
caso perdido en fin
ya que por más esfuerzos que haga
nunca podré llegar a ser neutral

en varios países de este continente
especialistas destacados
han hecho lo posible y lo imposible
por curarme de la parcialidad
por ejemplo en la biblioteca nacional de mi país
    ordenaron el expurgo parcial
    de mis libros parciales
en Argentina me dieron cuarenta y ocho horas
    (y si no me mataban) para que me fuera
    con mi parcialidad a cuestas
por último en Perú incomunicaron mi parcialidad
    y a mí me deportaron

de haber sido neutral
no habría necesitado
esas terapias intensivas
pero qué voy a hacerle
soy parcial
incurablemente parcial
y aunque pueda sonar un poco extraño
totalmente
parcial

ya sé
eso significa que no podré aspirar
a tantísimos honores y reputaciones
        y preces y dignidades
que el mundo reserva para los intelectuales
        que se respeten
es decir para los neutrales
con un agravante
como cada vez hay menos neutrales
las distinciones se reparten
entre poquísimos

después de todo y a partir
de mis confesadas limitaciones
debo reconocer que a esos pocos neutrales
les tengo cierta admiración
o mejor les reservo cierto asombro
ya que en realidad se precisa un temple de acero
para mantenerse neutral ante episodios como
girón
        tlatelolco
                trelew
                        pando
                                la moneda
es claro que uno
y quizá sea esto lo que quería decirme el crítico

podría ser parcial en la vida privada
y neutral en las bellas letras
digamos indignarse contra pinochet
        durante el insomnio
y escribir cuentos diurnos
        sobre la atlántida

no es mala idea
y claro
tiene la ventaja
de que por un lado
uno tiene conflictos de conciencia
y eso siempre representa
un buen nutrimento para el arte
y por otro no deja flancos para que lo vapulee
la prensa burguesa y/o neutral

no es mala idea
pero
ya me veo descubriendo o imaginando
en el continente sumergido
la existencia de oprimidos y opresores
parciales y neutrales
torturados y verdugos
o sea la misma pelotera
cuba sí yanquis no
de los continentes no sumergidos

de manera que
como parece que no tengo remedio
y estoy definitivamente perdido
para la fructuosa neutralidad
lo más probable es que siga escribiendo
cuentos no neutrales
y poemas y ensayos y canciones y novelas

no neutrales
pero advierto que será así
aunque no traten de torturas y cárceles
u otros tópicos que al parecer
resultan insoportables a los neutros

será así aunque traten de mariposas y nubes
y duendes y pescaditos.

Defensa de la alegría

A Trini

Defender la alegría como una trinchera
defenderla del escándalo y la rutina
de la miseria y los miserables
de las ausencias transitorias
y las definitivas

defender la alegría como un principio
defenderla del pasmo y las pesadillas
de los neutrales y de los neutrones
de las dulces infamias
y los graves diagnósticos

defender la alegría como una bandera
defenderla del rayo y la melancolía
de los ingenuos y de los canallas
de la retórica y los paros cardiacos
de las endemias y las academias

defender la alegría como un destino
defenderla del fuego y de los bomberos
de los suicidas y los homicidas
de las vacaciones y del agobio
de la obligación de estar alegres

defender la alegría como una certeza
defenderla del óxido y la roña
de la famosa pátina del tiempo

del relente y del oportunismo
de los proxenetas de la risa

defender la alegría como un derecho
defenderla de dios y del invierno
de las mayúsculas y de la muerte
de los apellidos y las lástimas
del azar
     y también de la alegría

Por qué cantamos

Si cada hora viene con su muerte
si el tiempo es una cueva de ladrones
los aires ya no son los buenos aires
la vida es nada más que un blanco móvil

usted preguntará por qué cantamos

si nuestros bravos quedan sin abrazo
la patria se nos muere de tristeza
y el corazón del hombre se hace añicos
antes aun que explote la vergüenza

usted preguntará por qué cantamos

si estamos lejos como un horizonte
si allá quedaron árboles y cielo
si cada noche es siempre alguna ausencia
y cada despertar un desencuentro

usted preguntará por qué cantamos

cantamos porque el río está sonando
y cuando suena el río / suena el río
cantamos porque el cruel no tiene nombre
y en cambio tiene nombre su destino

cantamos por el niño y porque todo
y porque algún futuro y porque el pueblo
cantamos porque los sobrevivientes
y nuestros muertos quieren que cantemos

126

cantamos porque el grito no es bastante
y no es bastante el llanto ni la bronca
cantamos porque creemos en la gente
y porque venceremos la derrota

cantamos porque el sol nos reconoce
y porque el campo huele a primavera
y porque en este tallo en aquel fruto
cada pregunta tiene su respuesta

cantamos porque llueve sobre el surco
y somos militares de la vida
y porque no podemos ni queremos
dejar que la canción se haga ceniza.

Abrigo

Cuando sólo era
un niño estupefacto
viví durante años
allá en colón
en un casi tugurio
de latas

fue una época
más bien
miserable

pero nunca después
me sentí tan a salvo
tan al abrigo
como cuando empezaba
a dormirme
bajo la colcha de retazos
y la lluvia poderosa
cantaba
sobre el techo
de zinc

Viento del exilio

Un viento misionero sacude las persianas
no sé qué jueves trae
no sé qué noche lleva
ni siquiera el dialecto que propone

creo reconocer endechas rotas
trocitos de hurras
y batir de palmas
pero todo se mezcla en un aullido
que también puede ser deleite o salmo

el viento bate franjas de aluminio
llega de no sé dónde a no sé dónde
y en ese rumbo enigma soy apenas
una escala precaria y momentánea

no abro hospitalidad
no ofrezco resistencia
simplemente lo escucho
arrinconado
mientras en el recinto vuelan nombres
papeles y cenizas

después se posarán en su baldosa
en su alegre centímetro
en su lástima
ahora vuelan como barriletes
como murciélagos como hojas

lo curioso lo absurdo es que a pesar
de que aguardo mensajes y pregones
de todas las memorias y de todos
los puntos cardinales

lo raro lo increíble es que a pesar
de mi desamparada expectativa

no sé qué dice el viento del exilio

Cada vez que alguien muere

Cada vez que alguien muere
por supuesto alguien a quien quiero
siento que mi padre vuelve a morir
será porque cada dolor flamante
tiene la marca de un dolor antiguo

por ejemplo este día en que ningún árbol
está de verde y no oigo los latidos
de la memoria constelada
y un solo perro aúlla por las dudas

vuelve a meterme en aquel otro
interminable en que mi padre
se fue mudando lentamente
de buen viejo en poca cosa
de poca cosa en queja inmóvil
de queja inmóvil en despojo

Invisible

La muerte está esperándome
ella sabe en qué invierno
aunque yo no lo sepa

por eso entre ella y yo
levanto barricadas
arrimo sacrificios
renazco en el abrazo
fondo bosques que nadie
reconoce que existen
invento mis fogatas
quemo en ellas memorias
tirabuzón de humo
que se interna en el cielo

por eso entre ella y yo
pongo dudas y biombos
nieblas como telones
pretextos y follajes
murallones de culpa
cortinas de inocencia

así hasta que el baluarte
de cosas que es mi vida
borre la muerte aleve
la quite de mis ojos
la oculte y la suprima
de mí y de mi memoria
mientras tanto
ella espera

Subversión de Carlitos El Mago

Querés saber dónde están los muchachos de entonces
sospechás que ahora vendrán caras extrañas
y aunque pasó una sombra sonó un balazo
guardás escondida una esperanza humilde
que es toda la fortuna de tu corazón

la verdad es que fuiste genialmente cursi
y soberanamente popular
te metiste no sólo en los boliches
sino también entre pecho y espalda
de vos hablaban por supuesto en los quilombos
pero asimismo en los hogares de respeto
atravesaste las capas sociales
como una lluvia persistente y veraz

y así gardeliaban los obreros y las costureritas
pero también los altísimos burgueses
y no era raro que algún senador o rey de bastos
matizara sus listas de promesas a olvidar
con citas de los griegos más preclaros
y de tus tangos tan poco helénicos

tus ensueños se van no vuelven más
tal vez por eso siempre sostuvimos
que no tenías inquietudes políticas
izquierdas y derechas nos pusimos de acuerdo
para situarte en el malevaje y otros limbos
donde había paicas y otarios y percal y gayola

pero no figuraba la lucha de clases
y aunque dicen que eras ateo y socialista
otros evocan tus alabanzas a radicales y conservas
pero vos / antes y después de medellín
dejaste hacer / dejaste que dijeran / dejaste
que cada uno te inventara a su medida
y por las dudas no aclaraste nunca
si eras de toulouse o de tacuarembó

pero en alguna parte sucedió algo
que removió tu vergüenza de haber sido
tu noche triste y tu requiesca in pache
acaso fue la piba que murió en la picana
o el verdugo mayor que viste en el periódico
compungido y procaz ante la sangre joven
todo es mentira / mentira ese lamento
pero es seguro que sucedió algo
algo que te movió el gacho para siempre,
fue entonces que sacaste de la manga
los seis o siete tangos con palabras rugosas
y empezaste a cantarlos como nunca
hasta que el cabo le avisó al sargento
y el sargento se lo dijo al teniente
y el teniente al mayor y el coronel

y el coronel a todos los generales
que esa noche disfrutaban de wagner
y no bien acabó el crepúsculo de los dioses
te juzgaron culpable de ser pueblo
y de asistencia a la subversión
y así entraste en la franja de los clandes

de modo que se acabaron todas las dudas
y las cavilaciones y los chismes
ya no sobre toulouse o tacuarembó

te llevaste el secreto a chacarita
sino sobre con cuáles estabas o estarás
vale decir con ellos o con nosotros
quién sabe si supieras
pero ahora sí está claro para siempre
tomaste partido contra los jailaifes y la cana
y estás con nosotros / bienvenido mago
compañero morocho del abasto

Extranjero hasta allí

En aquel otro exilio
me sentí
       extranjero
hasta que llegó la manifestación
y me vi caminando
con hombres y mujeres
del lugar
y desde los bordes
los milicos locales
me miraron
con la misma inquina
que los de mi ciudad

Eso dicen

Eso dicen
que al cabo de diez años
todo ha cambiado
allá

dicen
que la avenida está sin árboles
y no soy quién para ponerlo en duda

¿acaso yo no estoy sin árboles
y sin memoria de esos árboles
que según dicen
ya no están?

Comarca extraña

País lejos de mí / que está a mi lado
país no mío que ahora es mi contorno
que simula ignorarme y me vigila
y nada solicita pero exige
que a veces desconfía de mis pocas confianzas
que alimenta rumores clandestinos
e interroga con cándidas pupilas
que cuando es noche esconde la menguante
y cuando hay sol me expulsa de mi sombra

viejo país en préstamo / insomne / olvidadizo
tu paz no me concierne ni tu guerra
estás en las afueras de mí / en mis arrabales
y cual mis arrabales me rodeas
país aquí a mi lado / tan distante
como un incomprendido que no entiende

y sin embargo arrimas infancias o vislumbres
que reconozco casi como mías
y mujeres y hombres y muchachas
que me abrazan con todos sus peligros
y me miran mirándose y asumen
sin impaciencia mis andamios nuevos

acaso el tiempo enseñe
que ni esos muchos ni yo mismo somos
extranjeros recíprocos extraños
y que la grave extranjería es algo
curable o por lo menos llevadero

acaso el tiempo enseñe
que somos habitantes
de una comarca extraña
donde ya nadie quiere
decir

país no mío

Desaparecidos

Están en algún sitio / concertados
desconcertados / sordos
buscándose / buscándonos
bloqueados por los signos y las dudas
contemplando las verjas de las plazas
los timbres de las puertas / las viejas azoteas
ordenando sus sueños sus olvidos
quizá convalecientes de su muerte privada

nadie les ha explicado con certeza si ya se fueron o si no
si son pancartas o temblores
sobrevivientes o responsos

ven pasar árboles y pájaros
e ignoran a qué sombra pertenecen

cuando empezaron a desaparecer
hace tres cinco siete ceremonias
a desaparecer como sin sangre
como sin rostro y sin motivo
vieron por la ventana de su ausencia
lo que quedaba atrás / ese andamiaje
de abrazos cielo y humo

cuando empezaron a desaparecer
como el oasis en los espejismos
a desaparecer sin últimas palabras
tenían en sus manos los trocitos
de cosas que querían

están en algún sitio / nube o tumba
están en algún sitio / estoy seguro
allá en el sur del alma
es posible que hayan extraviado la brújula
y hoy vaguen preguntando preguntando
dónde carajo queda el buen amor
porque vienen del odio

Sin tierra ni cielo

Jesús y yo salvadas las distancias
somos dos habitantes del exilio
y lo somos por cautos por ilusos

algo se nos quebró en mitad del verbo
y así sobrellevamos esta pena
restaurando vitrales y nostalgias

no tenemos altares ni perdones
Jesús y yo de pueblo memoriosos
a veces compartimos el exilio

compartimos los panes y desiertos
y las complicidades y los judas
y el camello y el ojo de la aguja
y los santotomases y la espada

y hasta los mercaderes y la furia
no es eco ni abstracción
es una historia apenas

él veterano yo inexperto
llegamos emigrantes al futuro
descalzos y sin norte y sorprendidos

yo / oscuro y fracturado / sin mi tierra
él / pobre desde siempre / sin su cielo

Quiero creer que estoy volviendo

Vuelvo / quiero creer que estoy volviendo
con mi peor y mi mejor historia
conozco este camino de memoria
pero igual me sorprendo

hay tanto siempre que no llega nunca
tanta osadía tanta paz dispersa
tanta luz que era sombra y viceversa
y tanta vida trunca

vuelvo y pido perdón por la tardanza
se debe a que hice muchos borradores
me quedan dos o tres viejos rencores
y sólo una confianza

reparto mi experiencia a domicilio
y cada abrazo es una recompensa
pero me queda / y no siento vergüenza /
nostalgia de exilio

en qué momento consiguió la gente
abrir de nuevo lo que no se olvida
la madriguera linda que es la vida
culpable o inocente

vuelvo y se distribuyen mi jornada
las manos que recobro y las que dejo
vuelvo a tener un rostro en el espejo
y encuentro mi mirada

propios y ajenos vienen en mi ayuda
preguntan las preguntas que uno sueña
cruzo silbando por el santo y seña
y el puente de la duda

me fui menos mortal de lo que vengo
ustedes estuvieron / yo no estuve
por eso en este cielo hay una nube
y es todo lo que tengo

tira y afloja entre lo que se añora
y el fuego propio y la ceniza ajena
y el entusiasmo pobre y la condena
que no nos sirve ahora

vuelvo de buen talante y buena gana
se fueron las arrugas de mi ceño
por fin puedo creer en lo que sueño
estoy en mi ventana

nosotros mantuvimos nuestras voces
ustedes van curando sus heridas
empiezo a comprender las bienvenidas
mejor que los adioses

vuelvo con la esperanza abrumadora
y los fantasmas que llevé conmigo
y el arrabal de todos y el amigo
que estaba y no está ahora

todos estamos rotos pero enteros
diezmados por perdones y resabios
un poco más gastados y más sabios
más viejos y sinceros

vuelvo sin duelo y ha llovido tanto
en mi ausencia en mis calles en mi mundo
que me pierdo en los nombres y confundo
la lluvia con el llanto

vuelvo / quiero creer que estoy volviendo
con mi peor y mi mejor historia
conozco este camino de memoria
pero igual me sorprendo

La buena tiniebla

Una mujer desnuda y en lo oscuro
genera un resplandor que da confianza
de modo que si sobreviene
un apagón o un desconsuelo
es conveniente y hasta imprescindible
tener a mano una mujer desnuda
entonces las paredes se acuarelan
el cielo raso se convierte en cielo
las telarañas vibran en su ángulo
los almanaques dominguean
y los ojos felices y felinos
miran y no se cansan de mirar

una mujer desnuda y en lo oscuro
una mujer querida o a querer
exorciza por una vez la muerte.

El desexilio

Preguntas al azar (1986)
Yesterday y mañana (1988)
Despistes y franquezas (1990)
Las soledades de Babel (1991)
El olvido está lleno de memoria (1995)
La vida ese paréntesis (1997)
El mundo que respiro (2000)
Insomnios y duermevelas (2002)
Existir todavía (2003)
Defensa propia (2004)
Adioses y bienvenidas (2005)
Biografía para encontrarme (2008)
Testigo de uno mismo (2008)

El puente

Para cruzarlo o para no cruzarlo
ahí está el puente

en la otra orilla alguien me espera
con un durazno y un país

traigo conmigo ofrendas desusadas
entre ellas un paraguas de ombligo de madera
un libro con los pánicos en blanco
y una guitarra que no sé abrazar

vengo con las mejillas del insomnio
los pañuelos del mar y de las paces
las tímidas pancartas del dolor
las liturgias del beso y de la sombra

nunca he traído tantas cosas
nunca he venido con tan poco

ahí está el puente
para cruzarlo o para no cruzarlo
yo lo voy a cruzar
sin prevenciones

en la otra orilla alguien me espera
con un durazno y un país

La madre ahora

Doce años atrás
cuando tuve que irme
dejé a mi madre junto a su ventana
mirando la avenida .

ahora la recobro
sólo con un bastón de diferencia

en doce años transcurrieron
ante su ventanal algunas cosas
desfiles y redadas
fugas estudiantiles
muchedumbres
puños rabiosos
y gases de lágrimas
provocaciones
tiros lejos
festejos oficiales
banderas clandestinas
vivas recuperados

después de doce años
mi madre sigue en su ventana
mirando la avenida

o acaso no la mira
sólo repasa sus adentros
no sé si de reojo o de hito en hito
sin pestañear siquiera

páginas sepias de obsesiones
con un padrastro que le hacía
enderezar clavos y clavos
o con mi abuela la francesa
que destilaba sortilegios
o con su hermano el insociable
que nunca quiso trabajar

tantos rodeos me imagino
cuando fue jefa en una tienda
cuando hizo ropa para niños
y unos conejos de colores
que todo el mundo le elogiaba

mi hermano enfermo o yo con tifus
mi padre bueno y derrotado
por tres o cuatro embustes
pero sonriente y luminoso
cuando la fuente era de ñoquis

ella repasa sus adentros
ochenta y siete años de grises
sigue pensando distraída
y algún acento de ternura
se le ha escapado como un hilo
que no se encuentra con su aguja

cómo quisiera comprenderla
cuando la veo igual que antes
desperdiciando la avenida
pero a esta altura qué otra cosa
puedo hacer yo que divertirla
con cuentos ciertos o inventados
comprarle una tele nueva
o alcanzarle su bastón.

un pesimista
es sólo un optimista
bien informado

Chau pesimismo

Ya sos mayor de edad
tengo que despedirte
pesimismo

años que te preparo el desayuno
que vigilo tu tos de mal agüero
y te tomo la fiebre
que trato de narrarte pormenores
del pasado mediato
convencerte de que en el fondo somos
gallardos y leales
y también que al mal tiempo buena cara

pero como si nada
seguís malhumorado arisco e insociable
y te repantigás en la avería
como si fuese una butaca pullman

se te ve la fruición por el malogro
tu viejo idilio con la mala sombra
tu manía de orar junto a las ruinas
tu goce ante el desastre inesperado

claro que voy a despedirte
no sé por qué no lo hice antes
será porque tenés tu propio método
de hacerte necesario
y a uno lo deja triste tu tristeza

amargo tu amargura
alarmista tu alarma

ya sé vas a decirme   no hay motivos
para la euforia y las celebraciones
y claro cuandonó tenés razón

pero es tan boba tu razón tan obvia
tan remendada y remedada
tan igualita al pálpito
que enseguida se vuelve sinrazón

ya sos mayor de edad
chau pesimismo

y por favor andate despacito
sin despertar al monstruo

Página en blanco

Bajé al mercado
y traje
tomates diarios aguaceros
endivias y envidias
gambas grupas y amenes
harina monosílabos jerez
instantáneas estornudos arroz
alcachofas y gritos
rarísimos silencios

página en blanco
aquí te dejo todo
haz lo que quieras
espabílate
o por lo menos organízate

yo me echaré una siesta
ojalá me despiertes
con algo original
y sugestivo
para que yo lo firme

La vida ese paréntesis

Cuando el no ser queda en suspenso
se abre la vida ese paréntesis
con un vagido universal de hambre

somos hambrientos desde el vamos
y lo seremos hasta el vámonos
después de mucho descubrir
y brevemente amar y acostumbrarnos
a la fallida eternidad

la vida se clausura en vida
la vida ese paréntesis
también se cierra   incurre
en un vagido universal
el último

y entonces sólo entonces
el no ser sigue para siempre

Tic profesional

Diríase que el tiempo no madura
y que al poeta   ese cándido leproso
no se le deja otro comportamiento
que refugiarse en su desgarradura
y allá quedarse torvo y silencioso
a solas con su estro ceniciento
o su pobre talento

mas no son para tanto
la saña y el quebranto
el tiempo no prodiga sus perdones
más bien exige modas   concesiones
pero ceder no es un salvoconducto
y no faltan razones
para blindar el último reducto

recuérdese que sirve la etiqueta
de pequeño burgués o de cobarde
de vacilante o falto de entereza
para calificar a algún poeta
y a éste sólo le queda como alarde
entregar por la causa su cabeza
esa simple proeza

y si en eso descansa
el aval de confianza
convéngase que no es estimulante
se exija de la muerte el comprobante
para acabar al fin con el entuerto

el dilema es tajante
pequeño burgués vivo o mártir muerto

pero ésta no es la única emboscada
también están las huestes de narciso
que ofrecen la evasión de este bochorno
y son los confidentes de la nada
comprometidos contra el compromiso
cultivan las palabras como adorno
y escapan del contorno

el celaje purista
es su protagonista
arman preguntas para sus respuestas
y morirán con las falacias puestas
después de todo ésa es la paradoja
llevar el verso a cuestas
es caminar sobre una cuerda floja

qué más da   caminemos por la calle
como si fuera un sueño o viceversa
y no hubiera pronósticos atroces
un poco antes de que el mundo estalle
la realidad es una y es diversa
y tiene entre sus pliegues tantas voces
como sombras y dioses

oasis o desierto
enigma o mito abierto
poesía es memoria a la deriva
con náufragos de suerte persuasiva
que pretenden salvarnos del abismo
está en la entraña viva
y también está fuera de uno mismo

acaso poesía es la fogata
en que arden el más débil y el más fuerte
la presencia rebelde y la sumisa
la lisonja falaz y la bravata
y toda esa materia se convierte
no en la llama universal que hechiza
sino en humo y ceniza

de ese rescoldo escueto
obstinado y secreto
que reduce a una brasa la experiencia
nace como una aurora otra inocencia
tan leve y tan real como un sagrado
y por eso en esencia
el poema es un mundo relevado

El sur también existe

Con su ritual de acero
sus grandes chimeneas
sus sabios clandestinos
su canto de sirenas
sus cielos de neón
sus ventas navideñas
su culto de dios padre
y de las charreteras
    con sus llaves del reino
    el norte es el que ordena

pero aquí abajo abajo
el hambre disponible
recurre al fruto amargo
de lo que otros deciden
mientras el tiempo pasa
y pasan los desfiles
y se hacen otras cosas
que el norte no prohíbe
    con su esperanza dura
    el sur también existe

con sus predicadores
sus gases que envenenan
su escuela de chicago
sus dueños de la tierra
con sus trapos de lujo
y su pobre osamenta
sus defensas gastadas

sus gastos de defensa
　　con su gesta invasora
　　el norte es el que ordena

pero aquí abajo abajo
cada uno en su escondite
hay hombres y mujeres
que saben a qué asirse
aprovechando el sol
y también los eclipses
apartando lo inútil
y usando lo que sirve
　　con su fe veterana
　　el sur también existe

con su corno francés
y su academia sueca
su salsa americana
y sus llaves inglesas
con todos sus misiles
y sus enciclopedias
su guerra de galaxias
y su saña opulenta
　　con todos sus laureles
　　el norte es el que ordena

pero aquí abajo abajo
cerca de las raíces
es donde la memoria
ningún recuerdo omite
y hay quienes se desmueren
y hay quienes se desviven
y así entre todos logran
lo que era un imposible
　　que todo el mundo sepa
　　que el sur también existe

Tormenta

Un perro ladra en la tormenta
y su aullido me alcanza entre relámpagos
y al son de los postigos en la lluvia

yo sé lo que convoca noche adentro
esa clamante voz en la casona
tal vez deshabitada

dice sumariamente el desconcierto
la soledad sin vueltas
un miedo irracional que no se aviene
a enmudecer en paz

y tanto lo comprendo
a oscuras / sin mi sombra
incrustado en mi pánico
pobre anfitrión sin huéspedes

que me pongo a ladrar en la tormenta

Los poetas

Los poetas se encuentran en congresos
en saraos en cárceles en las antologías
unos cosechan loas en manuales de fama
otros son asediados por la casta censura

los poetas se abrazan en los aeropuertos
y sus tropos encienden la alarma en las aduanas
a menudo bostezan en recitales de otros
y asumen que en el propio bostecen los amigos

los poetas se instalan en las ferias anuales
y estampan codo a codo sus firmas ilegibles
y al concluir la faena les complace de veras
que se acerquen los jóvenes confianzudos y tímidos

los poetas se encuentran en simposios
por la paz pero nunca la consiguen
unos reciben premios / otros palos de ciego
son una minoría casual y variopinta

sus mejores hallazgos son harto discutibles
estudios inclementes revelan sus andamios
los analistas buscan variantes / los poetas
suelen dejar alguna para animar el corro

los poetas frecuentan boliches y museos
tienen pocas respuestas pero muchas preguntas
frugales o soberbios / a su modo sociables
a veces se enamoran de musas increíbles

beben discuten callan argumentan valoran
pero cuando al final del día se recogen
saben que la poesía llegará / si es que llega
siempre que estén a solas con su cuerpo y su alma

Peregrinación a Machado

Baeza es un instante pendular
cansado o floreciente
según sople la historia

con sus palacios a la espera
sus adoquines resabiados
sus lienzos de muralla
su alcázar que no está
sus ruinas que predican
su custodia que gira y centellea
sus casas blancas
y su sol en ocres

mas no vine a baeza a ver baeza
sino a encontrar a don antonio
que estuvo por aquí
desolado y a solas
la muerte adolescente
de Leonor en sus manos
y en su mirada y en su sombra

tengo que imaginarlo
aterido en el aula
junto al brasero las botas raídas
dictando lamartine y victor hugo
ya que tan sólo era
profesor de francés
uno de tantos

tengo que descubrirlo en las callejas
que ciñen la obstinada catedral
montada en la mezquita
y suponer que estamos en invierno
pues no era machado un poeta de estío

que federico estuvo aquí
dicen y dicen que le dijo
a mí me gustan
la poesía y la música
y tocó al piano algo de falla
pero a machado le atraía
más la templada encina negra
que ya murió
camino de úbeda

tampoco existe la farmacia
(en su lugar hay una tienda)
donde charlaban y tosían
los modestísimos notables
y allí llegaba don antonio
con su silencio y lo sentaba
junto a la estufa

los madroños las cabras
las lechuzas entraron en sus versos
mientras baeza mantenía
los gavilanes en su nido real

la tarde se recoge a las colinas
el poeta no acude
sin embargo lo escolto
en su ritual hasta el paseo
de la muralla
a ver una vez más los olivares

y las lengüetas del guadalquivir
y la sierra de mágina que es mágica

y junto a mí sin verme
y junto a él sin verlo
entramos don antonio y yo en la niebla
medidos por el rojo sol muriente
él como el caminante de sus sueños
yo como un peregrino de los suyos

Ciudad huella

Otro regreso aguarda
las nubes pasan crecen
mi verano es tu invierno
y viceversa

pienso en las novedades
que encontré hace dos años
y que ahora serán
cosa sabida

a fines de setiembre
estaré en tus olores
ciudad viento
respiraré tu noche
ciudad luna
tocaré tus heridas
ciudad sueño

pienso en tus puertas y balcones
dichos en caras nuevas
tu cantero de viles
tu follaje de justos

dentro de algunas horas
me acercaré a tus muertos
ciudad muerta

latiré en tus latidos
ciudad viva
pisaré mis pisadas
ciudad huella

El hijo

De haber tenido un hijo
no lo habría llamado
ni mario ni orlando ni hamlet
ni hardy ni brenno
como reza mi fardo onomástico

más bien le habría
colgado un monosílabo
algo así como luis o blas o juan
o paz o luz si era mujer
de manera que uno pudiera convocarlo
con sólo respirar

de haber tenido un hijo
le habría enseñado a leer
en los libros y muros
y en los ojos veraces
y también a escribir
pero sólo en las rocas
con un buril de fuego

de modo que las lluvias
limpiaran sus palabras
defendiéndolas
de la envidia y la roña
y eso aunque nadie nunca
se arrimara a leerlas

169

de haber tenido un hijo
acaso no sabría qué hacer con él
salvo decirle adiós cuando se fuera
con mis heridos ojos
por la vida

Otherness

Siempre me aconsejaron que escribiera distinto
que no sintiera emoción sino *pathos*
que mi cristal no fuera transparente
sino prolijamente esmerilado
y sobre todo que si hablaba del mar
no nombrara la sal

siempre me aconsejaron que fuera otro
y hasta me sugirieron que tenía
notorias cualidades para serlo
por eso mi futuro estaba en la otredad

el único problema ha sido siempre
mi tozudez congénita
neciamente no quería ser otro
por lo tanto continué siendo el mismo

otrosí digo / me enseñaron
después que la verdad
era más bien tediosa
el amor / cursi y combustible
la decencia / bastarda y obsoleta

siempre me instaron a que fuera otro
pero mi terquedad es infinita

creo además que si algún día
me propusiera ser asiduamente otro
se notaría tanto la impostura

que podría morir de falso crup
o falsa alarma u otras falsías

es posible asimismo que esos buenos propósitos
sean sólo larvadas formas del desamor
ya que exigir a otro que sea otro
en verdad es negarle su otredad más genuina
como es la ilusión de sentirse uno mismo

siempre me aconsejaron que escribiera distinto
pero he decidido desalentar / humilde
y cautelosamente a mis mentores

en consecuencia seguiré escribiendo
igual a mí o sea
de un modo obvio irónico terrestre
rutinario tristón desangelado
(por otros adjetivos se ruega consultar
críticas de los últimos treinta años)
y eso tal vez ocurra porque no sé ser otro
que ese otro que soy para los otros

Pero vengo

*En dondequiera que se viva, comoquiera
que se viva, siempre se es un exiliado.*
                                    ÁLVARO MUTIS

Más de una vez me siento expulsado y con ganas
de volver al exilio que me expulsa
y entonces me parece que ya no pertenezco
a ningún sitio
a nadie

¿será un indicio de que nunca más
podré no ser un exiliado?
¿que aquí o allá o en cualquier parte
siempre habrá alguien que vigile y piense
éste a qué viene?

y vengo sin embargo
tal vez a compartir cansancio y vértigo
desamparo y querencia
también a recibir mi cuota de rencores
mi reflexiva comisión de amor

en verdad a qué vengo
no lo sé con certeza
pero vengo

Las soledades de Babel

La soledad es nuestra propiedad más privada
viejo rito de fuegos malabares
en ella nos movemos e inventamos paredes
con espejos de los que siempre huimos

la soledad es tiempo / veloz o detenido /
reflexiones de noria / espirales de humo /
con amores *in vitro* / desamores *in pectore* /
y repaso metódico de la buena lujuria

la soledad es noche con los ojos abiertos
esbozo de futuro que escondió la memoria
desazones de héroe encerrado en su pánico
y un sentido de culpa / jubilado de olvido

es la tibia conciencia de cómo deberían
haber sido los cruces de la vida y la muerte
y también el rescate de los breves chispazos
nacidos del encuentro de la muerte y la vida

la soledad se sabe sola en mundo de solos
y se pregunta a veces por otras soledades
no como vía crucis entre ánimo y ánima
más bien con interés entomológico

todavía hace un tiempo / en rigor no hace tanto
las soledades / solas / cada una en su hueco
hablaban una sola deshilachada lengua
que en los momentos claves les servía de puente

o también una mano una señal un beso
acercaban al solo la soledad contigua
y una red solidaria de solos conectaba
las geografías y las esperanzas

en el amor y el tango los solos se abrazaban
y como era de todos el idioma del mundo
podían compartir la tristeza y el goce
y hasta se convencían de que no estaban solos

pero algo ha cambiado / está cambiando
cada solo estrenó su nueva cueva
nuevo juego de llaves y candados
y de paso el dialecto de uno solo

ahora cuando bailan los solos y las solas
ya no se enlazan / guardan su distancia
en el amor se abrazan pero piensan
en otro abrazo / el de sus soledades

las soledades de babel ignoran
qué soledades rozan su costado
nunca sabrán de quién es el proyecto
de la torre de espanto que construyen

así / diseminados pero juntos
cercanos pero ajenos / solos codo con codo
cada uno en su burbuja / insolidarios
envejecen mezquinos como islotes

y aunque siga la torre cielo arriba
en busca de ese pobre dios de siempre
ellos se desmoronan sin saberlo
soledades abajo / sueño abajo

Lo dice Fukuyama

Lo dice fukuyama
la historia se acabó / ya no hay remedio
se consumió la llama
y ha empezado el asedio
de la vana esperanza por el tedio

hegel lo anunció antes
y lo predijo marx (cuando valía)
y hubo otros hierofantes
cada uno en su día
que auguraron el fin de la utopía

en tiempos de cordura
oficial / ordenada / preferente
no cabrá la aventura
ya que juiciosamente
no alentará quimeras el presente

hemos llegado al techo
de lo posible / ¿no hay otra salida?
la suma de lo hecho
¿colmará la medida
de aquello que esperamos de la vida?

la historia ¿habrá acabado?
¿será el fin de su paso vagabundo?
¿quedará aletargado
e inmóvil este mundo?
¿o será que empezó el tomo segundo?

Eucaristía

Una muchacha que se desnuda
sin testigos
para que sólo la miren
el espejo o el sol
en realidad no está desnuda

sólo lo estará cuando otros ojos
simplemente la miren
la miren y consagren
su desnudez

Onomástico

Hoy tu tiempo es real / nadie lo inventa
y aunque otros olviden tus festejos
las noches sin amor quedaron lejos
y lejos el pesar que desalienta

tu edad de otras edades se alimenta
no importa lo que digan los espejos
tus ojos todavía no están viejos
y miran / sin mirar / más de la cuenta

tu esperanza ya sabe su tamaño
y por eso no habrá quien la destruya
ya no te sentirás solo ni extraño

vida tuya tendrá y muerte tuya
ha pasado otro año / y otro año
les has ganado a tus sombras / aleluya

Mengana si te vas

Mengana si te vas con el zutano
yo / tu fulano / no me mataré
simplemente los seguiré en la noche
por todos los senderos y las dunas
vos gozando tal vez y yo doliéndome
hasta que vos te duelas y yo goce
cuando las huellas a seguir no sean
dos tamañas pisadas y dos breves
sino apenas las de tus pies dulcísimos
y entonces yo aparezca a tu costado
y vos / con esa culpa que te hace
más linda todavía / te perdones
para llorar como antes en mi hombro

Ese gran simulacro

Cada vez que nos dan clases de amnesia
como si nunca hubieran existido
los combustibles ojos del alma
o los labios de la pena huérfana
cada vez que nos dan clases de amnesia
y nos conminan a borrar
la ebriedad del sufrimiento
me convenzo de que mi región
no es la farándula de otros

en mi región hay calvarios de ausencia
muñones de porvenir / arrabales de duelo
pero también candores de mosqueta
pianos que arrancan lágrimas
cadáveres que miran aún desde sus huertos
nostalgias inmóviles en un pozo de otoño
sentimientos insoportablemente actuales
que se niegan a morir allá en lo oscuro

el olvido está tan lleno de memoria
que a veces no caben las remembranzas
y hay que tirar rencores por la borda
en el fondo el olvido es un gran simulacro
nadie sabe ni puede / aunque quiera / olvidar
un gran simulacro repleto de fantasmas
esos romeros que peregrinan por el olvido
como si fuese el camino de santiago

el día o la noche en que el olvido estalle
salte en pedazos o crepite /
los recuerdos atroces y los de maravilla
quebrarán los barrotes de fuego
arrastrarán por fin la verdad por el mundo
y esa verdad será que no hay olvido

tras el desfile
qué solitaria viene
la muchedumbre

Olvidadores

No olvidadizos sino olvidadores

he aquí que también llegan
entre otras herrumbradas
    circunstancias
la degeneración / las taras del olvido
la falsa amnesia de los despiadados

es ilusión de estos olvidadores
que los otros las otras los otritos
no sigan recordando su vileza
pero son fantasías sin futuro ni magia

si la sangre de ayer alcanzó a macbeth
cómo no va a alcanzar a estos
    verdugos
de pacotilla y pesadilla

perdí la compasión en el casino
por eso les auguro y les propongo
insomnios con plañidos puteadas
    mutismos
cuerpos yertos desnudos nunca más
    seductores
ojos empecinadamente abiertos con
    miradas capaces
de taladrar cerebro y corazón

no olvidadizos sino olvidadores

ocurre que el pasado es siempre una
    morada
pero no existe olvido capaz de
    demolerla

Ah las primicias

Ah las primicias / cómo envejecieron
cómo el azar se convirtió en castigo
cómo el futuro se vació de humildes
cómo los premios cosecharon premios
cómo desamoraron los amores
cómo la hazaña terminó en sospecha
y los oráculos enmudecieron

todo se hunde en la niebla del olvido
pero cuando la niebla se despeja
el olvido está lleno de memoria

Variaciones

Sé que algunos hermanos se
enmendaron
se desfraternizaron / se perdieron de
vista /
sin apelar a prórrogas
decidieron lavarse de mágicas penurias
y lejos / en la cueva del olvido
su primavera quedó haciendo señas

no bien esos hermanos aprendieron
a volar con las alas del desdén
su egoísmo se volvió sereno

ahora un poco huérfanos
y con su amor sin labios
por el miedo vacío van a tientas
rezan ciérrate sésamo y que sea
para siempre en el acre porvenir

ex hermanos / sin bregas ni delirios
hastiados de querer al árbol leña
devotos de su ombligo y escondiendo
bajo el telón del párpado
la dulce antigua falta

saben / y desde siempre lo han sabido
que en su rampante soledad no caben
los abrazos del prójimo y la lluvia
los abrazos del sueño
los abrazos

Tribu

Desde que la conciencia sucumbió a
su vértigo
y hubo que desconfiar de los confiables
y las éticas se volvieron estériles
y los hombres de dios se despeñaron

desde que se ahogaron nuestros
desahogos
y cada rostro se metió en su máscara
y júpiter se encontró con su cometa
y no quedaron huellas del amor cautivo

desde que el futuro se talló en el ·
viento
los justos se perdieron en la injusticia
y el que prometía quemó sus promesas
en la hoguera mejor del enemigo

desde que todo comenzó a ser nada
desde que alguien empezó a ser nadie
y el poder condecorado de adjetivos
nos metió en la pocilga del perdón

no somos desde entonces ni siquiera
caterva
ni muchedumbre ni pueblo unido
cada uno en su humilde covacha
rememora
la noche más nocturna / la del miedo

estamos desprendidos / sueltos en el
espacio
sin el consuelo del rezo o del dogma
no hay himnos en la niebla / no hay
excusas
cada uno se asfixia en su propio fervor

ese fervor cansado / todavía orgulloso
de las ermitas de su tenue memoria
sabiéndolas inútiles / gastadas
y sin preparación para la muerte

solos aquí y allá / solos de olvido
cada uno en su isla inmerecida
oculto en las arrugas de su fe
exasperado y fiel como una llama

solos aquí y allá sabiendo
que algo nos une y nos convoca
son / somos / sois una tribu de solos
una tribu con vida que convida

sin caciques y sin hipocresía
sin narcisos y sin laberintos
la tribu de los solos se reconoce
en el silencio de su desnudez

El porvenir de mi pasado

¿Cuál será el porvenir de mi pasado?
JOSÉ EMILIO PACHECO

¿Qué remoto corpúsculo de amor
se abrirá paso entre las fobias de hoy?
¿llegará como pájaro aterido?
¿como nube moribunda de lluvia?
¿como rayo sin trueno?
¿como canción sin voces?

las palabras que dije alguna vez
en un abrir y un cerrar de odios
¿volarán sobre el alma actualizada
hasta posarse en la tristeza nueva?
¿o pasarán de largo sin siquiera mirarme
como si este servidor no las hubiera
creado / pronunciado?

los labios que besé o que me besaron
¿recordarán la mística elemental del beso?
¿traerán consigo un llanto atrasadísimo
y lo echarán en mi buzón de tiempo?
¿o vendrán sólo como apariciones
a reencontrarse con mi amor poquito?

las cicatrices que creí olvidadas
¿se abrirán como ostras sin su perla?
las cicatrices mías o de otros
¿recordarán las gotas de su sangre?

¿o cerrarán de nuevo y para siempre
los acueductos del dolor insomne?

hay una cosa al menos que está clara
el breve porvenir de mi pasado
tiene poco que ver con mi presente
este presente que en definitiva
es aún intocable y viene a ser
sólo el pasado de mi porvenir

Vísperas

(26 de noviembre de 1994)

Hasta ayer instalaron confesiones
y ofertas en el living de mi alma /
tomaría una caña pero hay veda
de paciencia pronósticos y alcohol

he de reflexionar porque mañana
deberé elegir como un daltónico
entre todas las flores del pincel
entre los buitres y los heminópteros
entre la salamandra y el tatú

creo que finalmente votaré
por la sabia orientación de las aves
por la benevolencia de la lluvia
y el sentido de humor de los delfines

votaré / si me dejan / por la suerte
por los tímidos pechos que se
esconden
y los pechos alegres que convocan
por las huellas del solo y también por
las ovejitas negras y por la mosca
blanca
por los indios de chiapas y por juan
veintitrés

y después de pesar los pros y contras
votaré por la vuelta de mambrú

por el río de heráclito
y la trucha de schubert
votaré por melchor y alí babá
por venus y espartaco

y una vez concluido el escrutinio
fruto de leyes bulas providencias y
ardides
democráticamente acataré
el fiel caleidoscopio
de mis nuevas y queridas derrotas

Tristezas / alegrías

El goce siempre supo tratar a la tristeza
meterse en ella / desguazarla
aprovechar lo mejorcito de su pena
y hasta robarle lágrimas porque después de todo
la gente también llora de alegría

el goce siempre supo que la tristeza era
sólo una favela del corazón /
que hay quienes se suicidan por exceso de euforia
y que aun los más tristes de los tristes
no renuncian a sus planes de júbilo

por su parte la tristeza ha aprendido
que la alegría tiene patas cortas
que es posible enfriar sus arrebatos
deslizarle serpientes en mitad de su sueño
o cambiarle seguro por quizá

al menos la tristeza conoce sus fronteras
tiene clara conciencia de que en última instancia
más allá del gemido está la pálida
y es capaz de endeudarse con el goce
pero no de aceptar su diezmo corruptor

verbigracia una dulce mujer puede tener
un pecho triste y otro alegre y ello
se advierte en el sabor de sus pezones /

y verbigracia dos / un hombre puede
tener una erección hipocondríaca
y otra de quinto cielo o de antigua pericia

pero si la tristeza y la alegría
comparten gestas menos rutinarias
lo más probable es que dios y el diablo
recíprocamente se consuelen

Poeta menor

La meta es el olvido.
Yo he llegado antes.
J. L. Borges, «Un poeta menor»

Alguna vez le han dicho
en clave de odio manso
que es / que siempre ha sido
un poeta menor

y de pronto ha notado
que se sentía a gusto
en ese escalafón

en los años de vuelta
es muy gratificante
ser un poeta menor

cuando lee y relee
a sus poetas mayores
y dialoga con ellos
ya no de igual a igual
sino entre desiguales

asume sin recelo
la distancia cordial
y también sideral
que lo separa de ellos

lo bueno lo mejor
es que en esa distancia
no circula la envidia

los poetas mayores
son mayores de veras
entre otras razones
porque se los compara
con los poetas menores

su genio es la ventaja
sobre los desvelados
que hacen mala letra
por vocación y a veces
por equivocación

después de todo ¿qué
sería de los poetas
mayores sin los poetas
menores
sin su aliento?

los poetas menores
escriben a menudo
por amor / por temblor
y llaman al pan pan
o viceversa al vino vino

hacen versos a solas
en las terrazas
en los aeropuertos /

construyen sus silencios
en medio del fragor
y llenan de palabras
la cautela

ciertos lectores dicen
que son casi como ellos

(son lectores menores
por supuesto)

unos y otros admiran
a los poetas mayores
y se nutren con citas
de sus obras completas

en los años de vuelta
es muy gratificante
ser un poeta menor

Vuelta al primer olvido

Seguramente mi primer olvido
tuvo una cuna de madera tibia /
a trocitos fui armando evocaciones
de la matriz recién abandonada
ese lecho de jugos y de sombras
donde a través de tímidas membranas
sensibles como hojas de mimosa
iba aprendiendo claves de mi eva
esa evamadre venidera y mía

pude encontrar a tientas sus recelos
frente al azar agüero que aleteaba en la sombra
olvidé el estupor la esperanza los surcos
de sus insomnios siempre candorosos
y descarté el mundo y sus clamores
que no cesaban ni siquiera cuando
el silencio caía como un manto plomizo

aquel primer olvido empezó en una
dulzura no buscada ni encontrada /
el júbilo se alió con la congoja
y los brazos maternos fueron nido /
era imposible descubrir la lluvia
y por tanto olvidar su transparencia

por cierto me gustaba alejarme del frío
cuando un solcito arisco aparecía
en franjas en volúmenes en muros
y era lindísimo olvidar el hambre
en el pezón o surtidor primero

vacío de memoria estaba aquel olvido
vacío porque apenas se iba ensimismando
la nada era su prólogo a hurtadillas
su manantial de amnesia

bautizaba mi rostro un aire nuevo
la novedad era sin duda el aire /
a respirar se aprende fácilmente
a mover una mano y a llorar
como precaria muestra de estar vivo

mi olvido tan silvestre no tenía
memoria de nosotros / sólo era
un olvido solito individual
casi sin corazón y hecho de sustos

había estrellas y no lo sabía
llegaban besos y no los besaba
en mi almario quedaban risas / muecas
es raro inaugurarse entre conjuros
de quiénes y de qué fanal remoto

mi olvido purgatorio estaba lleno
de turbonadas y desolaciones
del más allá enigmático
del más acá sin dudas
yo era nadie en mi primer olvido
no había una memoria disponible
ni otro nadie dispuesto a servirme de espejo

después / tanto después
hechos empedernidos / albas / lunas
las palabras no dichas y las dichas
los sagrados desnudos del amor
las bocinas del odio / los temblores

de la tierra y el cielo
las piernas de mujeres milagrosas
la honda de david en manos de goliat
los rincones de la melancolía
la cicatriz que inculpa y no perdona
cepos de la vigilia / tálamos de la noche
mensajes del extraño y del contiguo
el olor de los cuerpos / la intemperie
con agonías y cosmogonías
el placer asediado
la lección de las piedras
los razonables pozos de la muerte
las buenas sinrazones de la vida

toda esa memoria congelada
con desvíos del tiempo y de la ruta
fue llenando los cofres del olvido

resumiendo
y ya que ciertamente
el olvido está lleno de memoria
vamos a destaparlo / a revelarlo
sin mezquindades ni pudores tibios /
vamos a compartir los sueños con los sueños
del prójimo más próximo y más niño

Resistencias

Hay quienes se resisten deshilachadamente
a morir sin haberse concedido
un año un mes una hora de goce
y esperan ese don cultivando el silencio
vaciándose de culpas y de pánicos
descansando en el lecho del cansancio
o evocando la infancia más antigua

así / con la memoria en rebanadas
con ojos que investigan lo invisible
y el desaliento tímido y portátil
que se cubre y descubre a duras penas
así miden el cuerpo torpe cándido
ese montón de riesgos y de huesos
áspero de deseos como llagas
que no elige agotarse mas se agota

merodean tal vez por la nostalgia
ese usual laberinto de abandonos
buscan testigos y no los encuentran
salvo en las caravanas de fantasmas

piden abrazos pero nadie cae
en la emboscada de los sentimientos

carne de espera / alma de esperanza
los desnudos se visten y no vuelven
el amor hace un alto en el camino
sorprendido in fraganti / condenado

y no obstante siempre hay quien se resiste
a irse sin gozar / sin apogeos
sin brevísimas cúspides de gloria
sin periquetes de felicidad

como si alguien en el más allá
o quizás en el más acá suplente
fuera a pedirle cuentas de por qué
no fue dichoso como puede serlo
un bienaventurado del montón

A tientas

Se retrocede con seguridad
pero se avanza a tientas
uno adelanta manos como un ciego
ciego imprudente por añadidura
pero lo absurdo es que no es ciego
y distingue el relámpago la lluvia
los rostros insepultos la ceniza
la sonrisa del necio las afrentas
un barrunto de pena en el espejo
la baranda oxidada con sus pájaros
la opaca incertidumbre de los otros
enfrentada a la propia incertidumbre

se avanza a tientas / lentamente
por lo común a contramano
de los convictos y confesos
en búsqueda tal vez
de amores residuales
que sirvan de consuelo y recompensa
o iluminen un pozo de nostalgias

se avanza a tientas / vacilante
no importan la distancia ni el horario
ni que el futuro sea una vislumbre
o una pasión deshabitada
a tientas hasta que una noche
se queda uno sin cómplices ni tacto
y a ciegas otra vez y para siempre
se introduce en un túnel o destino
que no se sabe dónde acaba

Más acá del horizonte

Más acá está la siembra / están los sueños
una infinita colección de rostros
la liturgia del mar y sus arenas
están los fuegos y está la ceniza
las inauguraciones y los ritos
las redes de la vida y la sencilla
la incorruptible muerte / la de todos

el horizonte / borde espurio y flaco
frontera del futuro / nada en cierne
es un enigma manso / tan hipócrita
que no asume su rango en el espacio
el horizonte es filo inofensivo
y sin embargo hiere desde lejos

las gaviotas lo asumen lo acompañan
y la noche lo cubre como puede
pero su línea nos persigue inmóvil
en la vigilia y en la duermevela

más acá está tu vientre tu espesura
la corteza del árbol que olvidaste
el espasmo imprevisto de los celos

las rondas de tu sangre / tus indultos
tus muertos y los míos / la campana
que se queja doliente en su clausura /
tu estilo de vivir o de apagarte

más acá estoy yo mismo / fanal tenue
que no ilumina ni desvela a nadie
escaso de propuestas y de súplicas
con mi cuerpo vulgar siempre a la espera
de tu cuerpo leal / ese desnudo

más acá estoy yo mismo / confundido
como un crédulo espejo sobre el agua
y no reflejo olas sino antorchas
que inventé como un juego y ya no invento

el horizonte mientras tanto vive
de su salitre y sus amaneceres
la ojeada del alba lo despierta
lo introduce flamante en el mercado
de luces de tinieblas y de sombras

el horizonte cesa cuando llueve
velado tras un llanto que no es suyo
o simplemente cuando tu mirada
deja de vislumbrarlo enceguecida

el tiempo en cambio no se esconde / ocurre /
nos deja turbios y turbados / pobres /

desengañados de estas y otras ferias
de otros huecos de dios y otras visiones

la verdad es que todo lo que amamos
todo lo que nos duele y lo que somos
existe más acá del horizonte

Heterónimos

Antonio Machado, Fernando Pessoa, Juan Gelman crearon de un plumazo sus heterónimos unos señores que tuvieron la virtud de complementarlos, ampliarlos, hacer que de algún modo fueran más ellos mismos. También yo (vanitas vanitatum) quise tener el mío, pero la única vez que lo intenté resultó que mi joven heterónimo empezó a escribir desembozadamente sobre mis cataratas, mis espasmos asmáticos, mi herpes zoster, mi lumbago, mi hernia diafragmática y otras fallas de fábrica. Por si todo eso fuera poco se metía en mis insomnios para mortificar a mi pobre, valetudinaria conciencia. Fue precisamente ésta la que me pidió: por favor, colega, quítame de encima a este estorbo, ya bastante tenemos con la crítica.

Sin embargo, como los trámites para librarse de un heterónimo son más bien engorrosos, opté por una solución intermedia, que fue nombrarlo mi representante plenipotenciario en la isla de Pascua. Por cierto que desde allí acaba de enviarme un largo poema sobre la hipotética vida sexual de los moairs. Reconozco que no está nada mal. Se nota mi influencia.

Papel mojado

Con ríos
con sangre
con lluvia
o rocío
con semen
con vino
con nieve
con llanto
los poemas
suelen
ser
papel mojado

Che 1997

Lo han cubierto de afiches / de pancartas
de voces en los muros
de agravios retroactivos
de honores a destiempo

lo han transformado en pieza de consumo
en memoria trivial
en ayer sin retorno
en rabia embalsamada

han decidido usarlo como epílogo
como última thule de la inocencia vana
como añejo arquetipo de santo o satanás

y quizás han resuelto que la única forma
de desprenderse de él
o dejarlo al garete
es vaciarlo de lumbre
convertirlo en un héroe
de mármol o de yeso
y por lo tanto inmóvil
o mejor como mito
o silueta o fantasma
del pasado pisado

sin embargo los ojos incerrables del che
miran como si no pudieran no mirar
asombrados tal vez de que el mundo no entienda
que treinta años después sigue bregando
dulce y tenaz por la dicha del hombre

En primera persona

Un cielo melancólico acompañó mi infancia
dios era una entelequia de misa y sacristía
con siete padrenuestros y alguna avemaría
me otorgaba perdones su divina jactancia

luego poquito a poco fue tomando distancia
y un día me hallé lejos de aquella eucaristía
vi tantas injusticias y tanta porquería
que dios ya no era dios sino una circunstancia

se agravó mi conciencia maravillosamente
y cada vez son menos las cosas en que creo /
cuando interpelo a dios se va por la / tangente

los milagros se venden de nuevo al menudeo
y así me fui cambiando de buen a mal creyente
de mal creyente a agnóstico / y de agnóstico a ateo

Asambleas

Vivimos en un curso de asambleas
los árboles de allá tal vez dilapidados
con los raros de aquí / muertos de poda
los flamencos se agrupan como sectas
y el lago les devuelve su encanto colectivo
los lobitos envueltos en petróleo
se juntan en racimos de agonía
se desplazan gregarios los delfines
leales a la vieja partitura
las noticias expanden multitudes
laburantes del mundo / si es que podéis / uníos
los grandes empresarios se abrazan sin fronteras
las ratas recuperan basurales / jardines /
famélicos corean sus baladas de hambre
los estados negocian cohechos y desechos
los ciegos alardean de sus tactos plurales
los desaparecidos se juntan en la amnesia
y el silencio de todos rompe el aire
el mundo es un compendio de asambleas
cada una en lo suyo y en su suerte
con sus náufragos propios y sus atormentados
cada una indiferente a la oferta contigua
cada una ajena a la desdicha prójima
asamblea de todos contra todos
abiertas entreabiertas encubiertas
sin un dios o demonio que proponga
un nuevo orden del día o de la noche

Puntos de vista

A veces cuando vuelvo a mi ciudad
puedo admitir que es fea
pero cuando la dejo me parece
de una belleza sin consuelo

no bien piso el umbral de los adioses
ya siento la premura de volver / aunque sepa
que sigue siendo fea

fea pero simpática
como esas flacas tiernas y avispadas
de las que uno solía enamorarse
mientras los falsos tímidos besaban
a seductoras rubias de prestado
y lucidez cero kilómetro

cuando regreso encuentro
que los árboles vuelven a turbarnos
y menean un fleco de su altivo ramaje
para que uno los mire y los rescate
del arbitrario olvido

siempre que vuelvo me emociona ver
a esas duras viejitas que antes fueron muchachas
y lloro de ateísmo al vislumbrar
que las muchachas se pondrán viejitas

no sé si por azar malasuerte o dulzura
la porfiada ciudad sigue en sus trece
(no hay catorce ni quince en el programa)

el mendigo que ha sido clase media
ahora tiene pinta de profesor emérito
y pide su limosna en versos yámbicos /

los profesores en cambio han aprendido
a vivir con tan poco que no tienen
problemas de bulimia o anorexia

siempre que vuelvo
la primavera está ventosa
y el verano reparte besos húmedos
parejas desparejas carecen de relojes
de ahí que lleguen tarde al lecho de lujuria
y dado que sus cuerpos están tan abatidos
los ponen en la ducha a cantar mañanitas

pero las mansas calles / callecitas de barrio
sembradas de adoquines / ésas valen la pena
con sus bóvedas de árboles inéditos
y sus caballos sueltos que aguardan como perros
el verde del semáforo

justamente las calles de barrio nos transmiten
su dialecto de imágenes antiguas
sus casonas de averiado abolengo

y una que otra forchela de anticuario
parquecitos sellados por la historia
mausoleos rotundos anacrónicos
pobre bandera en asta de cemento
productos de la estética marcial

cuando vuelvo a vivir montevideo
las baldosas del sur brillan de lluvia

y en ese espejo inesperado caben
la vida y un resumen de la muerte

me voy apenas y volveré a penas
mis pies saben que pisan sueño patrio
cinco pasos al sur está el abismo
pero es el mío / yo soy quien decide

El barrio

Volver al barrio siempre es una huida
casi como enfrentarse a dos espejos
uno que ve de cerca / otro de lejos
en la torpe memoria repetida

la infancia / la que fue / sigue perdida
no eran así los patios / son reflejos /
esos niños que juegan ya son viejos
y van con más cautela por la vida

el barrio tiene encanto y lluvia mansa
rieles para un tranvía que descansa
y no irrumpe en la noche ni madruga

si uno busca trocitos de pasado
tal vez se halle a sí mismo ensimismado /
volver al barrio es siempre una fuga

Formas de la pena

Cuando mataron a mi amigo hermano
borré los árboles y su vaivén
el crepúsculo tenue / el sol en llamas
no quise refugiarme en la memoria
dialogué con mis llagas / con las piedras
escondí mi desdén en el silencio
expulsé de mi noche los delirios
puse mi duermevela a la deriva
lloré de frío con los ojos secos
oré blasfemias con los labios sordos
metí el futuro en un baúl de nadie
en mis rencores inmolé al verdugo
pedí a los buitres que volaran lejos
y escupí en la barraca de los dioses
todo eso quise hacer pero no pude
cuando mataron a mi amigo hermano

La historia

Dijo cervantes que la historia
es el depósito de las acciones
y yo / salvadas las distancias / creo
que es un nomenclátor de expectativas

el historiador era para schlegel
apenas un profeta que miraba hacia atrás
y yo / salvadas las distancias / creo
que suele ser estrábico y a veces hipermétrope

por su parte el saber congelado sostiene
que los pueblos felices nunca tienen historia
y como en realidad todos la tienen
vaya sacando usted las conclusiones

a menudo la historia se vale de utopías
algunos aprovechan para erigirle estatuas
y luego es consagrada como infancia del mundo
o como fotocopia del futuro

la historia colecciona pálidos nomeolvides
lápidas de homenaje con hollines y mugre
y en su amplio muestrario de desdenes
figura hasta el humilde que vivió sin codicia

la historia está maltrecha / quebrantada
hace dos o tres siglos que no ríe
que no llora / no habla / acaso porque ahora
ya no hay quien le peine las mentiras

Neutro

Dios nunca es imparcial
aun entre los santos
tiene sus favoritos
y entre los pecadores
siempre hay un pobre diablo
que se lleva el castigo

el señor reconoce
dónde le aprieta el cielo
y aunque esté tan remoto
tan lejos de lo lejos
sus antenas le soplan
quiénes son / quiénes no
lo neutral no es divino
ni la muerte es neutral /
cuando toma partido
por el fuerte o el flojo
en sus umbrales juega
con las posteridades

Estar vivo

Estoy vivo
no está mal estar vivo
y seguir escuchando a zitarrosa
que está muerto
está mal que esté muerto

las voces que uno quiere no se callan
viven y sobreviven / sobrenadan
en la memoria fiel y escandalosa

yo me devuelvo a mí
yo me recibo
con la seda del lago y cuatro cisnes
con el signo fatal de los idénticos
y los hilos de la desesperanza
con la prudencia de los egoístas
y la imprudencia de los generosos

estoy vivo
no está mal estar vivo
y seguir escuchando a gustav mahler
transcurro lenta cautelosamente
y nadie se preocupa de mis huellas
medito con los labios apretados
y compruebo
no está mal estar vivo

Pertenencias

Todo eso que sos te pertenece /
aunque a veces te juzgues desvalido
tan tuyo como tu habla es tu silencio
tuya es tu identidad a media asta
y tus tímidas huellas en el barro /
te pertenece el río que soñaste
y el otro río / allí donde se mojan
tu amor tu desespero tu confianza

tu propiedad bajo el azul es única
y es única tal vez porque no existe
tu libertad es exterior a vos
tuya será sólo si la capturas
y la dejas ser libre en cautiverio
o en tu pasión de ser o en tu agonía /
la libertad no vale en condominio
es una loca suelta / si está suelta /
cómoda de nombrar / difícil siempre
cuando se surte de alucinaciones

todo esto que sos te pertenece
tu corazón y sus revelaciones
tu caja de mentiras en reposo
tu dolor y el dolor de tu paciencia

lo innombrable también puede ser tuyo
sobre todo si alguna vez lo nombras

Irse

Cada vez que te vayas de vos misma
no olvides que te espero
en tres o cuatro puntos cardinales

siempre habrá un sitio dondequiera
con un montón de bienvenidas
todas te reconocen desde lejos
y aprontan una fiesta tan discreta
sin cantos sin fulgor sin tamboriles
que sólo vos sabrás que es para vos

cada vez que te vayas de vos misma
procurá que tu vida no se rompa
y tu otro vos no sufra el abandono /
y por favor no olvides que te espero
con este corazón recién comprado
en la feria mejor de los domingos

cada vez que te vayas de vos misma
no destruyas la vía de regreso
volver es una forma de encontrarse
y así verás que allí también te espero

A ellos

Se me han ido muriendo los amigos
se me han ido cayendo del abrazo
me he quedado sin ellos en el día
pero vuelven en uno que otro sueño

es una nueva forma de estar solo
de preguntar sin nadie que responda
queda el recurso de tomar un trago
sin apelar al brindis de los pobres

iré archivando cuerdos y recuerdos
si es posible en desorden alfabético
en aquel rostro evocaré su temple
en este otro el ancla de unos ojos

sobrevive el amor y por fortuna
a esa tentación no se la llevan
yo por las dudas toco la mismísima
madera / esa que dicen que nos salva

pero se van fugando los amigos
los buenos / los no tanto / los cabales
me he quedado con las manos vacías
esperando que alguien me convoque

sin embargo todos y cada uno
me han dejado un legado un regalito
un consuelo / un sermón / una chacota
un reproche en capítulos / un premio

si pudiera saber dónde se ríen
dónde lloran o cantan o hacen niebla
les haría llegar mis añoranzas
y una fuente con uvas y estos versos.

Allá Montevideo

Allá montevideo
solo o sin mí / que viene a ser lo mismo
recuerdo un viejo mástil sin bandera
cielos y uno que otro rascacielos
una última calle de adoquines
que duelen en mis pies pero me llevan
al falso mar / al lindo puertecito
que se olvidó otra vez del horizonte

reconozco los rostros de las casas
los niños en los cándidos zaguanes
el aire de provincia sin provincia
el viento que despeina los recelos
la gente sin apuros / rezagados
que esconden su miseria en la mochila
y los otros / los dueños de mercedes
que ostentan su poder y no poder

allá montevideo / todavía
sin caos / la pobreza pone orden /
con tangos contagiosos y urbanistas
una ciudad para quererla siempre
pese a ministros guardias descuideros
y prescindentes / viceprescindentes
ciudad de arenas / túnel de alegrías
sola o sin mí que viene a ser lo mismo

Estas y otras guerras

Las guerras viejas / las de puño y letra
eran sufridas para sufrir menos
llevaban el registro de sus náufragos
sabían del candor de las trincheras
se daban ánimo en las papalinas
y destruían / sólo destruían
para negar el quinto mandamiento

que yo sepa no hay guerras por amor
las guerras salen de su pozo antiguo
y las jaurías del terror las siguen
proponen himnos / pero sobre todo
misiles / repertorio de desastres
izan banderas / pero sobre todo
catálogos de pánico y de sangre

las guerras nuevas no tienen semblante
salvo el rostro sutil de las finanzas
su corazón sabe contar obuses
como quien cuenta ratas o gallinas
juegan en su garito con el hambre
rasuran la amazonia y la esperanza
y nos dejan sin tímpanos sin ojos

un día llegará en que las guerras
no tendrán ni un cristiano a quien matar
la soledad del mundo / ese bochorno
se expresará en un solo aburrimiento
los mansos pizarrones de wall street
quedarán fijos en un cambio inútil
y nadie habrá para joder a nadie

Desde el origen

Desde el origen somos indefensos /
si alguien nos hace añicos la esperanza
o nos da una ternura envenenada
es porque somos lo que somos /
hombres
encallados de nuevo en la vergüenza
sin un pánico real que nos proteja

somos los inquilinos de una duda
que tiene puertas y ventanas locas
nos dicen nunca como buenas noches /
desde la infancia somos desvalidos
y lo seremos hasta la agonía /
nunca nos enseñaron otra clave

que al menos venga un perro a
defendernos
un perro hermano / un fiel sin
requisitos
cuando nos lame / frágil de tristeza
sabe ¿quiénes somos? / quiénes no
seremos
llegaremos con él / entero / puros
hasta el fin de la suerte y del camino

Malarte poética

Puede nacer de un río
de una luna gastada
de una desesperanza
de un crimen por sospecha
de no mirar el cielo

un poema salvaje
llama a la llama y huye
nos deja su relámpago
escondido en el piano
la bienaventuranza
herida entre las sienes

un poema suplente
no sabe de estas copas
ni de estas ascuas ni
del verdadero vino
ése que nos da sílabas
y metáforas mudas

un poema de mísero
se sueña exuberante
se arrima a los claveles
y a veces sin embargo
su palabra avenida
es sólo un caminito

pero el poema crudo
candoroso palpable
el premio inesperado
nace en las pulsaciones
llama a la llama y arde
despreocupadamente

Octogésimo

A los ochenta años uno empieza
a olvidar las ausencias / los vacíos /
los orificios de la duda
los nombres de las calles
el motivo irreal de las nostalgias
las lagunas del tiempo pordiosero

después de todo hay que aceptar
que esa desolación ya no hace daño
más bien ayuda sin quererlo
a que la talla espiritual se pula
y hasta la soledad se vuelva amena

a los ochenta ya no es necesaria
la respuesta humillante del espejo
uno ya sabe la orografía de las arrugas
la mirada sin fe de los insomnios
el fiordo inaugural de la calvicie

el futuro se ha vuelto milimétrico
no conviven en él dulces sospechas
las expectativas son flaquísimas
y uno se va habituando a una quimera
tan breve como inmóvil

a los ochenta las paredes miran
y a veces hablan y aseguran
que todavía no van a derrumbarse
pero uno por si acaso sale a la intemperie
y encuentra que es un refugio acogedor

Saldos

Los días que nos quedan / los invictos
podrán ser tenebrosos o de gloria
mas no hay augur capaz de prevenirlos
son tajantes como una cachetada

se pueden calcular sin garantías
porque el futuro es siempre una quiniela
su único saldo digno de confianza
es la vieja consigna / ruina o muerte

esta última etapa es un naufragio
la costa más visible es el pasado
pero no hay zafarranchos de abandono
ni socorro a la vista / esto se acaba

y todo eso que dicen es lo mío
quedará silencioso en el desván
ese arrabal en que hay restos de todo
pero la clave escapará conmigo

Amorodio

Los odios del amor son insaciables
juegan con el rencor y el esperpento
tienen celos del cielo y de los dioses
y sumergen el beso en la lascivia

los odios del amor confraternizan
con seducciones y repulsas locas
en su ensimismamiento se embelesan
y dicen no va más y sin embargo

los odios del amor son insaciables
gimen y vociferan en voz baja
los amores del odio los reciben
con su poco y su mucho de cautela

cada uno con su ardor se sacan chispas
la ley es floja qué vamos a hacerle
odios y amor en cándido desorden
arman el esqueleto de la vida

Papel en blanco

Miré el papel en blanco / yo tenía
palabras y palabras y palabras
pero ninguna de ellas me servía

probé con vendaval arroyo tedio
vislumbre maderamen injusticia
besos de lengua árbol hemorragia
memoria cueva partiarcado hambruna
palabras que otras veces me sirvieron
para encender el fuego o apagarlo

tuve que descansar de tanta búsqueda
la mente en blanco y el papel sin nada
afuera muy afuera sonó un piano
y después un violín qué maravilla

sentí en el corazón una punzada
y era un dolor dulcísimo / una pascua
algo estaba cambiando en lo imposible
desde el lacónico papel en blanco
una palabra
        vida
           me miraba

Autoepitafio

Algunos dicen que morí de pena
de veras no me acuerdo / sé que había
una nube blanquísima en el cielo
y un ave errante que dejaba huellas
y me parece que eran de alegría

otros sostienen que morí de gozo
yo tampoco me acuerdo / sé que había
un jilguero encantado con su canto
y un sauce que evaluaba con la lluvia
su cotejo de lágrimas prolijas

sí recuerdo que había conocidos
gente expansiva ufana como pocas
hablaban del mercado de valores
de arte culinaria / de informática
de fútbol / de tabernas / de amnistías

de pronto llegó un soplo de silencio
todo quedó en un coro de callados
se miraron perplejos porque en medio
de aquella vanagloria de la nada
una muchacha pronunció mi nombre

Etcétera

Siempre que doy con la palabra etcétera
y aunque provenga del latín escueto
sé que es la más abierta de la lengua
en ella cabe todo / todo vale
es libre colosal casi infinita
allí se instalan páginas silencios
sombras en espiral / misericordias
un olivo bonsái con aceitunas
nombres que fueron islas / hojas muertas
horizontes borrados / besos tiernos
gavilanes / dibujos de las nubes
y así podríamos seguir por horas
así podríamos seguir etcétera

Música

Si uno pudiera insertarse en la música
y descansar allí mientras el mundo
sigue siendo un estruendo combustible
tal vez podría detener la muerte
sin razones de peso / simplemente
porque es latosa y no se rinde nunca

si uno pudiera instalarse en la música
ser violín o guitarra o clavicordio
y elegir dulces alucinaciones
o tímidas preguntas temporales
el alma sonaría como un sueño
o el milagro de un pájaro en suspenso

pero nadie ha podido introducirse
como espía entre dos modulaciones /
en esa franja impar de los tañidos
la música será siempre de otros
otros que por la noche merodean
hasta enhebrar la aguja del insomnio

Diáspora

En la diáspora en paz nos asomábamos
al país del que fuimos y que somos
a veces nos llegaban resonancias
que guardábamos siempre en el ropero

en todas partes hay corajes mansos
y miedos agresivos / qué relajo
el exilio es un cóctel de perdones
y de arrepentimientos suspendidos

el cielo del exilio no es el mismo
ni mejor ni peor / son otras nubes /
y el de la gente es otro laberinto
donde encontramos vida y la perdemos

la solidaridad es la palabra
que nos abraza hasta creer que somos
luz y sombra de aquí ¿ajenas? ¿propias?
vaya / lejos o cerca somos alguien

un exiliado
lo será de por vida
y de por muerte

Mitades de hoy

La mitad de este hoy viene de ayer
de la otra mitad vive el mañana
la de ayer me propone un nuevo arqueo
y la otra se atreve en vaticinios

el presente es un hilo de silencio
que no soporta el nombre de su sombra
¿dónde están mis instantes invisibles
que empiezan y se acaban parpadeando?

la jornada quedó deshabitada
soy un extraño / libre de sospechas
un esqueleto viejo y sin racimos
un hoy en dos mitades / un crepúsculo

Antes y ahora

Antes / qué cosa / éramos valientes
en cambio ahora el miedo no se esconde
ayer vibrábamos con la esperanza
hoy nos agobian las preocupaciones

un poder único nos globaliza
con los crispados ojos nos miramos
la paz es ya retórica perdida
y el orden nos convoca pero en vano

qué sucio azar nos lleva al sacrificio
serán jehová o alá o el padre nuestro
que aunque pregonan el amor al prójimo
bendicen guerras en todos los tiempos

o seremos nosotros los culpables
que perdonamos a los fariseos
aunque los poderosos nos respondan
con su soberbia colección de muertos

Amores

Cuando el amor es neutro ya no es fuego
si amenaza morir es porque miente
y si envejece prematuramente
es porque lo han dejado sordo y ciego

si el amor guarda llamas para luego
y el contenido se hace continente
si no se atreve ya a morir de frente
es porque ha hecho trampas en el juego

volandero terrestre ultramarino
enciende a veces luces de bengala
y sabe festejar con el vecino

le gusta refugiarse en la promesa
mas sólo le creemos si hace escala
con un certificado de tristeza

Biblioteca

Mi biblioteca es otra humanidad
con patriciados razas personajes
desastres y esplendores del pasado
y lomos gruesos como los de antes

libros para los viejos que se fueron
para los niños que se vuelven padres
libros pesados como diccionarios
unos eternos y otros olvidables

la biblioteca vive en las paredes
me mira suspicaz e interrogante
no está segura de que sea el mismo
que hurgaba en sus manuales hasta tarde

ciertas obras que fueron condenadas
por la censura están en otro estante
cubiertas por la Biblia y el Talmud
y otras mascarillas respetables

mi biblioteca es otra humanidad
plena de rostros dulces o salvajes
pero cuando una noche yo me extinga
mi biblioteca quedará vacante

o vendrán otros ojos inexpertos
que pueden ser espléndidos o frágiles
y libro a libro habrá que sugerirles
cómo es que se cierran y se abren

El mar

El mar toca la playa cuando el mundo está inmóvil
la busca desde lejos / por fin la encuentra a solas
la invade grano a grano y en su ritmo discreto
la riega despacito / la abraza con sus olas

el mar trae consigo su historia de abordajes
averías naufragios bengalas salvavidas
y de meses y meses sin ver otro paisaje
que viejos tiburones y nubes repetidas

de paso admira y mira los cuernos de la luna
y fugaces estrellas que vienen de la nada
una que otra tormenta a cual más importuna
y la paz aburrida que anuncia la alborada

la playa reconoce que el mar es el más sabio
el que tiene del tiempo la noción más profunda
el mar deja en las rocas la sal del desagravio
y la playa disfruta cuando llega y la inunda

Sin pena ni gloria

Siempre hay que defender la maravilla
de sabernos nosotros uno a uno
de recluirnos en el desamparo
y ver desde la última quimera
cómo pasa el cortejo de los crueles

hay que hallarse de nuevo con la vida
la individual y la de los contiguos
no dejar que el abuso nos advierta
que merecemos ser asesinados

el poder nos amputa la aventura
nos quiebra la utopía pero ella
se rehace y por todos imagina
un rumbo sin miseria y sin espanto

somos el animal de sur y sangre
en nuestro claustro la conciencia obliga
la resaca deja remordimientos
pero hay que continuar / seguir aullando
aunque el aullido no lo escuche nadie

si hay que morir de agobio pues se muere
un día acabarán los asesinos
por las dudas quede bien claro que
su ceniza y la nuestra no se junten

hay que sobremorir sobreviviendo
tratemos de archivar nuestros candores
y sin pena ni gloria ser leales
a lo que fuimos somos y seremos

Desaparecidos

Cuando los desaparecidos
aparecen soñados como un mito
su vuelta al pago es un escándalo

sus asesinos tienen pesadillas
donde sus víctimas los atormentan
y cuando se despiertan los maldicen
y se maldicen y esas maldiciones
al primer o segundo parpadeo
dejan una burbuja en la conciencia

cuando los desaparecidos
llaman y llaman en los corazones
los valores descienden en la bolsa
las culpas hieren como jabalinas
y no hay escudo que las invalide

cuando los desaparecidos
se desentierran por algún milagro
y nos recuerdan sus mensajes justos
no hay amnistía ni misericordia
para depredadores y verdugos

cuando los desaparecidos
aparecen soñados o ensoñados
el mundo deja de dar vueltas
por dos o tres amaneceres

y aquellos últimos que los amaron
y los penúltimos y antepenúltimos
al repasar la consabida historia
llenan con su nostalgia los insomnios

Caverna con bujía

Uno se va metiendo en la vejez
como en una caverna iluminada
por una sola y cándida bujía
en las paredes hay afiches turbios
trozos insobornables de pasado
itinerarios de últimas gaviotas
alones de cigüeñas que planean

la vejez tiene cuitas olvidadas
que vuelven y revuelven la memoria
a veces trae una fragancia espesa
como si fuera un prólogo del fin

hay un débil dolor imaginario
y otro suplicio intenso y verdadero
el cuerpo se refugia en los alivios
bálsamos y elixires de farmacia

hay rostros muslos ombligos y labios
que vuelven a pasar en la añoranza
y a uno le da tristeza recordarlos
porque han perdido su sabor de origen

claro que a la vejez no llegan todos
muchos la asumen como un largo poema
que se dice después en los insomnios

la vejez como epílogo no tiene
nada de extraordinario / terca y muda

transcurre coja asmática o miope
estrena la calvicie de los sabios
la boca boba de los tarambanas
el dedo índice de los chivatos
y la experiencia de los salvadores
ah vejez bienvenida dice el viejo
sin horarios / basta de obligaciones

uno se va metiendo en la vejez
como en una caverna iluminada
por una sola y cándida bujía
que ojalá por ahora no se acabe

Sur

Allá abajo en el sur están mi casa
las huellas de lo bueno
mis dulces enemigos
está la madrugada en que nací
la tristeza la única
que me acaricia como la alegría
está la chispa del primer amor
los árboles de siempre
con su verde agasajo
el poquito de sol en los canteros
los zaguanes con su pareja tibia
y en las noches de corazón abierto
la vía láctea ese techo de luces
que sólo allí nos cubre
hay calles con sus rieles
sin tranvías

nostalgia de los míos que no están
los desaparecieron
sin piedad y con saña
y allí quedaron yertos y sin tumbas
o sólo con las tumbas del olvido

allá abajo en el sur está mi casa
dejándome en insomnios su historieta
sus rosas hablan pétalo por pétalo
y en los muros asoman las verdades

el tiempo ocurre   quiere
la paz sin desperdicio
quiere que reencontremos el abrazo

allá abajo en el sur está mi casa
con su puerta a la espera
de mi llave

Palabras

Las palabras renacen viven mueren
sirven para las clásicas bondades
divulgan las calumnias más prolijas
redactan obras imperecederas
o sentencias de muerte cuando cuadre

palabras hay en toda bienvenida
o en las incógnitas de los adioses

transmiten sin problemas la ternura
y el hastío y su abulia vertebrada
dicen lo que decir alguien ordena

son dúctiles surtidas obedientes
en su trazado llevan el alivio
y la provocación anticipada

conocen las falacias de los himnos
la ortografía de los sinsabores
y la canción de los menesterosos

las palabras son dueñas del espacio
pero también esclavas de los necios
tienen la impavidez de los que mandan
pero también en ellas se sostiene
el corazón de las transformaciones

Hurtos

A medida que el tiempo te rodea
te vas acostumbrando a que te roben
digamos tu mejor melancolía
el firulete de tu curiosidad
tu borrador de amor correspondido
tu vocación de abismo / tu homenaje
a lo desconocido en polvareda
a medida que el tiempo te rodea
te deslumbras hasta quedar sin alas
tu corazón tiene un latido pálido
y el mar azul te llega sin espuma
te roban los penúltimos claveles
tu pedazo de luna dolorida
de tu ghetto los vanos transparentes
el sortilegio inmóvil de tu aurora
y las hembras que vienen del espejo
te roban el sudor la brizna el trago
las esperanzas / su faena estéril
y cuando ya creías que era todo
te roban el futuro y sus harapos

Infancia

Hay quien cree que la infancia es una isla
pero es en realidad un archipiélago /
cuando ojos adultos la contemplan
encuentran arrecifes de candor
árboles con sus ramas hacia el sol
tupidos matorrales de inocencia
y pájaros que pasan desde siempre
flotantes como pétalos

en las noches lluviosas
el archipiélago se encoge
y algunos de sus tímidos islotes
naufragan o se salvan
pero la infancia asume riego y riesgo
como una recompensa
como un lauro

el robinsón allí siempre es un niño
rey de su soledad
con ayer y sin hoy
sin hoy y con mañana
que despertará un día
entre sábanas de hojas
convertido en un hombre
donde la vieja infancia
será sólo un pretexto
para escribir un poema

Cómplice

Todos necesitamos alguna vez un cómplice
alguien que nos ayude a usar el corazón
que nos espere ufano en los viejos desvanes
que desnude el pasado y desarme el dolor

prodigioso / sencillo / dueño de su silencio
alguien que esté en el barrio donde nacimos o
que por lo menos cargue nuestros remordimientos
hasta que la conciencia nos cuelgue su perdón

cómplice del trasmundo nos defiende del mundo
del sablazo del rayo y las llamas del sol
todos necesitamos alguna vez un cómplice
alguien que nos ayude a usar el corazón

Entre dos nadas

La vida es puente que pasa
desde la nada a la muerte.
JUAN GARCÍA HORTELANO

Todos los implicados lo sabemos
si la vida es un puente entre dos nadas
nadie quiere tocar esos extremos

contra el tiempo no existen las celadas
ni los falsos pronósticos ni el vino
en los desvelos de las madrugadas

el futuro no siempre es cristalino
y en el hoy caben dos sabelotodos
o un sabenada que es del mismo sino

todos nos querellamos por un beso
pero el hombre formal / de todos modos
suele ser más convicto que confeso

Adioses

Hay muchas formas
de despedirse
dando la mano
dando la espalda
nombrando fechas
con voz de olvido
pensando en nunca
moviendo un ramo
ya deshojado

por suerte a veces
queda un abrazo
dos utopías
medio consuelo
una confianza
que sobrevive
y entonces triste
el adiós dice
que ojalá vuelvas

Projimíos

Los filatélicos con tesoneros
juntan los sellos con paciencia y álbumes
y los exhiben como relicarios
pero nosotros de algún modo somos
modestos filatélicos de prójimos

nuestro álbum es sólo la memoria
los guardamos allí como evangelios
y acudimos a ellos cuando el alma
nos duele un poco más que de costumbre

hay un sector de prójimos que son los projimíos
por ahora los suelto en mi memoria
y suelen confesarme que están cómodos

los projimíos no molestan pero
tienden su mano cuando estoy en pena
y aunque me encuentre lejos los saludo
con un abrazo de aprendiz de viejo

los projimíos son los projinuestros
somos todo un equipo una tribu una banda
pensamos al unísono pero sin disparates
o con un disparate para pasar el tiempo

cada uno conoce la diferencia ajena
y las diez coincidencias que van en la mochila
somos los descreídos quizá los descreyentes
porque no caben dioses en nuestra filatelia

projimíos tan míos / todo es mundo / entretanto
la vida nos espera / entremos en la vida

Ola

Esta ola procede de muy lejos
asistió a tres o cuatro naufragios infalibles
acunó a más de un náufrago mientras sobrevivía
y luego lo dejó inerme en un escollo
no se entendió jamás con tiburones
pero ayudó a delfines en sus rondas
se alzó en el horizonte burlándose del faro
y se quedó una hora como laguna inmóvil
por suerte despertó cuando los pescadores
extendían sus redes emboscadas
y pasó por algunas dejándoles merluzas
y boquerones insignificantes
luego siguió su ruta y avizoró la orilla
acabó su crucero deslizada en las dunas
y me mojó los pies como un agua bendita

Oda al pan

El pan es el color de la pobreza
y sin embargo en hornos semejantes
todos panificamos / ricos / pobres
no sólo es miga y cáscara / es un símbolo
el pan del evangelio no es leyenda
y el pan duro de ayer no es de basura
desde el mendrugo hasta la rebanada
es pan de siempre / ácimo o bendito
panes de tabernáculo o de hostia
con su pan se lo coma le gritamos
al inocente al necio o al devoto
y si el futuro es sólo una amenaza
acudimos al pan y al vino tinto
buscando amparo o en defensa propia
y si hay pan en el cuento de la abuela
evocamos al niño que no fuimos

Mundos

Vaya mundo exterior qué complicado
lo de menos son hombres y mujeres
lo de más son las máquinas invictas
con sus bielas piñones engranajes
turbinas cojinetes cigüeñales
locomotoras grúas soldadoras
satélites en busca de otros mundos
muros en extramuros y murallas
vallas con la misión de lo prohibido
magnos escaparates de desgracias
camposantos de lujo o miserables
archivos de falaces ilusiones
obligaciones duras y ridículas
iglesias sinagogas y mezquitas
como lugares santos de las guerras

es el mundo exterior y frente a eso
queda el mundo interior de cada uno
con el alma en silencio y desvalida
el viejo amor como único rescate
y el faro de la muerte que vigila

Agenda

Cualquier agenda es una biografía
yo guardo casi todas esas joyas
en una linda caja de madera
y a veces las recorro tiernamente
curioso como un búho detective

mi padre se llamaba Brenno Mario Edmundo Renato
    Nazareno Rafael Armando
y a mí me llamaron Mario Orlando Hardy Hamlet Brenno
pero cuando ocho años después nació mi hermano ya
    había crisis de nombres y sólo le llamaron Adolfo Raúl

no sé cuántos nombres tendría mi abuelo
pero sí que era astrónomo químico y enólogo
un sabio italiano natural de Foligno provincia de Perusa
que sólo iba al cine a ver a Pola Negri

en el Deutsche Schule aprendí alemán
y a recibir *derbe Ohrfeige* (tr. bofetones) a la menor
    rrtum (tr. equivocación)

cuando me ordenaron saludar a lo nazi
el viejo me sacó de una oreja
sin que yo asumiera mi terrible culpa

pero está el martes de una bronca escolar
todavía me duele el piñazo en un pómulo
y el premio que nos dieron a fin de temporada
a mí y a Kempis mi mejor amigo

con el que usábamos el alemán
aprendido a trompadas de los leher
como una clave que dejaba atónitos
a familiares broncos y vecinos

después fui contable / vendedor de repuestos / corredor
   de libros / cajero / sobre todo taquígrafo una profesión
entonces cotizada porque aún no habían nacido las
   grabadoras
sábados o domingos del estadio
a ver nacional quenoninó
un jueves gris con sueño en espiral
y luego un despertar con padre y madre
padre con su ejemplar laboratorio
con microscopio y mate y con mi hermano
ducho en análisis y yo analfabeto
en esas intrincadas precisiones

un viernes de cajón / yo con mi estreno
mi primer libro / pasto de lectores
que no llegaban a la cuarta línea

otra vez lunes y uno se enamora
y hasta se casa con la bienvenida
pero es un viernes con poquita gente
y pasan años con la agenda malva

hay otro martes que dice «lo pérfido»
y nunca supe su significado
ocho veces pasé por cirugía
cataratas y vejiga y retina
y fractura del húmero derecho
marcapasos / tumorcito en la próstata
y no me la extirparon de milagro
y una verruga como un globo terráqueo

me di a escribir y son ochenta libros
y en viernes y otro martes subsiguiente
recitales con voz restablecida
y los ojos con lentes de contacto
cinco versos leía y otro lo adivinaba

cuando llegué a mis 30 amontoné esperanzas
que se fueron quedando al borde del camino

la agenda de mis 40 era de tapa azul
y ahí empecé a ver mundo
desde el cielo hasta el suelo
la agenda en mis 50 era morrocotuda
tenía tres trabajos / en total 15 horas
me costaba el pan nuestro
de cada mediodía
en recompensa tuve tifoidea

sin lentes de contacto no veía muchachas
sólo viejos y viejas como este yo de ahora

la agenda en mis 60 tiene un octubre espléndido
tanto que consagré dos semanas al sol
las playas burbujeaban con turistas de un weekend
y los acaudalados compraban una casa
especialmente apta para fotografiarla
y presumir de ella ante los pobres tíos
de rosario mendoza y resistencia

la agenda en mis 70
viene con dictaduras y por tanto
con semanas en blanco / sólo el fútbol
derrota la censura con once caballeros

ahora me conmuevo en mis 84
el alzheimer ha entrado en la familia

por suerte mi cerebro todavía funciona
para tener conciencia de este ocaso
y por las dudas sigo haciendo versos
como si fueran válvulas de escape

tendrían que haber sido muchos más
pero no siempre tengo tiempo
se me acabó la agenda
así que abur / basta por hoy
pero no se hagan ilusiones

Paréntesis

Acompáñenme a entrar en el paréntesis
que alguien abrió cuando parió mi madre
y permanece aún en los otroras
y en los ahoras y en los puede ser
lo llaman vida si no tiene herrumbre
yo manejo el deseo con mis riendas

mientras trato de construir un cielo
en sus nubes los pájaros se esconden
no es posible viajar bajo sus alas
lo mejor es abrir el corazón
y llenar el paréntesis con sueños

los pájaros escapan como amores
y como amores vuelven a encontrarnos
son sencillos como las soledades
y repetidos como los insomnios

busco mis cómplices en la frontera
que media entre tu piel y mi pellejo
me oriento hacia el amor sin heroísmo
sin esperanzas pero con memoria

por ahora el paréntesis prosigue
abierto y taciturno como un túnel

Resumen

Resumiendo
digamos que oscilamos
entre dicha y desdicha
casi como decir
entre el cielo y la tierra
aunque el cielo de ahora y el de siempre
se ausente sin aviso

las ideas se van volviendo sólidas
sensaciones primarias
palabras todavía en borrador
corazones que laten como máquinas
¿serán nuestros o de otros?
este llanto de invierno no es lo mismo
que el sudor del verano

el dolor es un precio / no sabemos
el costo inalcanzable de la sabiduría

pensamos y pensamos duramente
y una pasión extraña nos invade
cada vez más tenaz
pero más triste

resumiendo
no somos los que somos
ni menos los que fuimos

tenemos un desorden en el alma
pero vale la pena sostenerla
con las manos / los ojos / la memoria

tratemos por lo menos de engañarnos
como si el buen amor
fuera la vida

Libros

Quiero quedarme en medio de los libros
vibrar con Roque Dalton con Vallejo y Quiroga
ser una de sus páginas
la más inolvidable
y desde allí juzgar al pobre mundo

no pretendo que nadie me encuaderne
quiero pensar en rústica
con las pupilas verdes de la memoria franca
en el breviario de la noche en vilo

mi abecedario de los sentimientos
sabe posarse en mis queridos nombres
me siento cómodo entre tantas hojas
con adverbios que son revelaciones
sílabas que me piden un socorro
adjetivos que parecen juguetes

quiero quedarme en medio de los libros
en ellos he aprendido a dar mis pasos
a convivir con mañas y soplidos vitales
a comprender lo que crearon otros
y a ser por fin
este poco que soy

Los que se fueron

En barcos en aviones los jóvenes emigran
a veces se van solos / prendidos a su alma
le ordenan al olfato que encuentre un paraíso
pero los paraísos no se usan hace tiempo
apenas sobreviven en el teatro

los jóvenes emigran con su olvido
con sus ganas de todo / deshilachadamente

cuando llegan allá todo es asombro
pero tres días después todo es rutina

napolitanos galos helenos o gitanos
suelen hablar distinto pero tienen
los mismos ojos las mismas orejas
hay blancos negros amarillos mulatos
vale decir el mismo vademécum
en diferentes encuadernaciones

los jóvenes emigran pero a veces les viene
un dolor en el pecho que se llama nostalgia
cuando reciben cartas de aquel barrio lejano
tienen listo un secante para chupar las lágrimas

algunos resolvieron quedarse pese a todo
otros dijeron basta para siempre

hay jóvenes que emigran / dicen chau
los que se quedan tiemblan en silencio

Añoranzas

Es incómodo sentirse vacío
después de haber gozado
de algunas plenitudes
la pobre vida pasa a ser un hueco
y uno tiende a esconderse en un rincón

el mar se queda allá
lejano y cierto
y yo me quedo aquí
todo añoranzas

y si nos resignamos
a ser dueños de estos huesos
será porque es muy poco
lo que tenemos
y ese poco es un ramo
de imposibles

Existir

A veces me doy cuenta de que existo
los síntomas son claros / gozo o peno
el firmamento pasa tan compacto
y lo percibo siempre diferente

aporto mis preguntas sin respuesta
y me lleno de dudas siempre vivas
mientras dude yo sé que estoy viviendo
con paciencia y a veces con penuria

algo se mueve en mis creencias
en mis amores y en mis odios
mis manos ya no pueden estar quietas
intentan apresar todo el misterio

pero el misterio es también olvido
todo pasa en la noche todo pasa
pero yo sé que existo
por ahora

Testigo de uno mismo

¡Que entre la luz y que entre el aire,
el aire que es el más fiel testigo de la vida!
JAIME SABINES

No sólo el aire fiel / también nosotros
somos testigos de la vida entera
la vemos transcurrir deshilachada
gozosa o muriéndose de pena

pasan mezclados / hechos y deshechos
y nos dejan sin fe y hablando a solas
con más de una tristeza en la mochila
y admirando la espuma de las horas

todo convoca en los alrededores
todo es símbolo de algo que se quiere
y si el alma se pone a echar de menos
sobre todo convoca a los ausentes

somos vigías del amor y el odio
si perdemos el tiempo / lo ganamos
con las meditaciones como nubes
que tratan de acercarnos lo lejano

así y todo vamos quedando limpios
de miedos y parodias de coraje
y el peligro del mal que está de luto
lo vemos a través de los cristales

risa o llanto / silencio o barahúnda
competimos con el aire más fiel
y ya que al fin el poeta se despide
somos testigos de uno mismo / amén

Posdata

Siempre queda algo por decir
un rencor un amor una sorpresa
un pedazo de vida insoportable
que sin embargo algo nos enseña

la vez que fuimos derrotados
cual si fuéramos ídolos de trapo
y la otra en que nos rozó un triunfo
de esos que no se tienen programados

siempre queda algo por soñar
llegar a una frontera tan remota
que queda más allá del horizonte
y por esa razón es seductora

y un intervalo casi oscuro
del que no nos libramos todavía
y que nos deja inmóviles mirando
a esa luna de tantas pesadillas

siempre queda algo por borrar
un aguacero un choque dos domingos
que a pesar de ser poco o casi nada
se resisten a hundirse en el olvido

siempre queda algo por buscar
digamos una paz sin atenuantes
y una conciencia boba que censura
pecados que son simples disparates

no queda nada que agregar
al menos encontré lo que buscaba
y si recuerdo alguna otra cosita
en todo caso agrego otra posdata

Más o menos patria

Nos enseñaron que la patria era
una cosa tan grande tan solemne
que jamás podríamos abarcarla
con himnos serenatas o pregones

la patria era un manojo de vehemencias
con vanidades y sus parapetos
colecciones de escudos y banderas
elaboradas para apabullarnos

sin embargo la patria puede ser
algo tan servicial tan abreviado
que nos cabe en un puño de lealtades
y salta de crepúsculo en crepúsculo

si estamos lejos / con un mar en medio
la patria es como un pino en la memoria
de vez en cuando lo regamos y
su efluvio llega como una promesa

la patria es casi un duende del amor
se introduce sin más en el abrazo
hay besos tan patriotas que nos dejan
en los labios una nostalgia nueva

vayamos pues / que cante la guitarra
y que viva la patria / la minúscula
la que nos salva de las soledades
y nos deja en el alma sus laureles

Soneto de la que fue

Yo quisiera mirarte conocerte
como te conocí cuando vivías
y me mirabas con miradas mías
y yo gozaba de mi buena suerte

pero el pasado en nada te convierte
y te quita inflexible de mis días
sólo mi ensueño enciende sus bujías
para que resucites de tu muerte

ya no me entiendo con mis soledades
ni con la soledad de los que quiero
una a una desfilan las edades

y quedan mis preguntas sin respuestas
a esta altura es muy poco lo que espero
pero prosigo con tu muerte a cuestas

Doy las gracias por su ayuda y por su amor a Benedetti a
Juan Cruz, Chus Visor y Carolina Reoyo.

JOAN MANUEL SERRAT

Índice

EL EXILIO PROVOCA NOSTALGIA

EL DESEXILIO

Este libro se terminó
de imprimir en
Móstoles (Madrid),
en el mes de
agosto de 2020

Descubre tu próxima lectura

Si quieres formar parte de nuestra comunidad,
regístrate en **libros.megustaleer.club**
y recibirás recomendaciones personalizadas

Penguin
Random House
Grupo Editorial

🖪 🖻 🖸 megustaleer